LüZZ

© Marcos Zanella, 2024
© Buzz Editora, 2024

PUBLISHER Anderson Cavalcante
COORDENADORA EDITORIAL Diana Szylit
EDITOR-ASSISTENTE Nestor Turano Jr.
ANALISTA EDITORIAL Érika Tamashiro
ESTAGIÁRIA EDITORIAL Beatriz Furtado
PREPARAÇÃO Ligia Alves
REVISÃO Cristiane Maruyama e Paula Queiroz
PROJETO GRÁFICO Estúdio Grifo
CAPA Dylan Ramos Borges

Nesta edição, respeitou-se o novo
Acordo Ortográfico da Língua Portuguesa.

Dados Internacionais de Catalogação na Publicação (CIP)
(Câmara Brasileira do Livro, SP, Brasil)

Zanella, Marcos
Desperta / Marcos Zanella;
1ª ed., São Paulo: Buzz Editora, 2024.
208 pp.

ISBN 978-65-5393-176-3

1. Autoajuda 2. Autoconhecimento 3. Felicidade
4. Transformação I. Título.

24-226688   CDD-158.1

Índice para catálogo sistemático:
1. Autoconhecimento: Crescimento pessoal:
Conduta de vida 158.1

Eliete Marques da Silva, Bibliotecária, CRB-8/9380

Todos os direitos reservados à:
Buzz Editora Ltda.
Av. Paulista, 726, Mezanino
CEP 01310-100, São Paulo, SP
[55 11] 4171 2317
www.buzzeditora.com.br

MARCOS ZANELLA

DESPERTA

Dedico esta obra à minha esposa e aos meus filhos. Durante a pandemia, quando o livro foi escrito, eles foram ainda mais meu alicerce... Talvez eles nem tenham ideia. Nos momentos difíceis, e sim, foram vários, minha família estava na minha mente e no meu coração trazendo o fio de sanidade, combustível para seguir. Sem eles este livro seria apenas um sonho.

E, claro, dedico a Deus, que tudo sabe e tudo pode e sempre esteve comigo. Mesmo nos momentos em que eu me perdi dEle, Ele jamais se perdeu de mim. A glória é, sempre foi e sempre será dEle.

Por fim, dedico este livro a você que está aí do outro lado. Para que a mensagem se propague, se cumpra, é preciso alguém para transmiti-la e outro alguém para recebê-la. Sem você não teria sentido.

Muito obrigado.

APRESENTAÇÃO

INTRODUÇÃO

Diagnóstico

Escolhas

Sinais

Presença

Estratégia

Ressignificar

Transformação

Aceitação

EPÍLOGO

11

15

21

51

79

103

127

145

161

177

193

APRESENTAÇÃO

DESPERTA.

Esse é o clamor da nova estação. É o chamado do novo mundo. É o grito contido na boca daqueles que te amam.

É a chamada de atenção que a vida fez e faz diversas vezes ao longo do caminho, do SEU CAMINHO. Temos a chance de despertar repetidas vezes, contudo poucos conseguem perceber.

A hora é agora!

Consegue ouvir? Será que você enxerga? Sente?

Este livro que você tem nas mãos é uma poderosa ferramenta. Uma metodologia para o seu despertar. Um passo a passo, uma oportunidade, pegadas que eu deixei na minha jornada de autoconhecimento.

Aqui você terá vida real, perspectivas, vai se emocionar ao seguir a trilha que o DESPERTA te apresenta.

E, como qualquer ferramenta, de nada adianta possuir e não usar. Então é chegado o momento da sua ação.

DESPERTA.

Não tenha medo de começar de novo, de começar agora.

Entenda que o início e o fim se misturam em um nó que apenas atado desperta a mais pura essência do seu ser.

Costumo dizer que hoje é um excelente dia para transformar a vida.

Então, comecemos...

INTRODUÇÃO

A dor de uma vida dormente. Uma vida estática. Uma vida sem ânimo, sem energia, sem entusiasmo. A vida sem vida. A vida sem Deus.

É assim que milhões de pessoas vagueiam pelo mundo dia após dia. Como zumbis, marionetes, sem qualquer perspectiva de quando entrarão em cena ou farão algo por iniciativa própria.

Um grito te desperta. Esse é o meu grito. O grito da minha alma, que estava cansada de viver no anonimato e precisava ser escutada.

Foi por meio desse grito que nasceu este livro. E, deste livro, um manifesto. Um convite. Um movimento.

DESPERTA.

E através da palavra nasceu o acróstico. Do acróstico, o método. Do método, o despertar.

D.E.S.P.E.R.T.A.

Você tem a vida à sua espera. O desejo que insistia em te fazer sonhar quando era criança ainda está vivo dentro da sua alma. A criança que estava ali adormecida, para que não incomodasse com suas ideias que te movimentam demais, pede para ser acolhida, amada.

D.E.S.P.E.R.T.A.

Ainda tem muita vida pela frente. Ela precisa de você. Desperta. Porque um novo mundo está nascendo, e nele as sementes do amor podem florescer — desde que você decida interromper esse sono profundo.

Um instante que valerá por toda a eternidade. DESPERTA.

— Desperta...

Eu estava ainda de olhos fechados quando senti que uma voz parecia me chamar, tentava me acordar.

— Desperta...

Não era uma voz qualquer. Era uma voz conhecida. Daquelas que a gente sabe que já ouviu, e tem dificuldade de lembrar de quem é.

Me mexi na cama. Talvez fosse o eco de um sonho, quando a gente não sabe se está dormindo ou acordado. Me levantei e andei até o banheiro para jogar água no rosto. Talvez aquele simples movimento pudesse me acordar. Ou despertar, como dizia a voz.

Olhei no espelho. Vi a feição de um homem. Pai de quatro filhos. Era o sonho de uma vida realizado. Mas ainda faltava.

O que faltava? Que voz era aquela
que eu tinha ouvido tão nitidamente
naquela manhã?

O despertador tocou. Aquele sim era
o toque de despertar. O despertar do dia
a dia. O despertar para a vida que seguia.

Esqueci a voz. Tinha coisas demais
para resolver.

D

DIAGNÓSTICO

Tudo aquilo com que não lidamos durante nosso
caminhar volta mais à frente, como se destino fosse,
até aprendermos.

— Deus, eu tô pronto.

Eu estava debaixo do chuveiro. Lágrimas correndo. Era a dor de um pai que não sabia mais o que fazer para salvar a própria filha. Eu tinha acabado de sair do quarto da unidade de tratamento intensivo do hospital onde ela estava em coma.

Minha filha em coma.

Coma.

Eu estava tentando digerir aquela palavra. Tudo tinha acontecido rápido demais. O banho era no banheiro da recepção da UTI, que fiz de minha "casa". Uma criança de cinco anos entubada, com meio pulmão necrosado, em um leito de uti infantil, cercado de incertezas e inseguranças, não é algo que um pai sonha para seu filho. Não é algo que sonhamos para ninguém. Nem filho ou parente. Principalmente se esse alguém tem nos olhos aquele amor que te incendeia e preenche quando te chama de papai.

Esse era o cenário daquela noite. A Malu no hospital e eu naquele banho, implorando para ser levado no lugar dela.

Eu estava decidido. Decidido a trocar a minha vida pela dela. Disse para Deus, ajoelhado sob a água corrente, em alto e bom som que podia me levar. Eu estava pronto. Mas ela precisava viver.

Em cada momento em que você se viu encurralado, se passou por determinado desafio que te deixou sem saber o que fazer, se não lidou com aquilo, aquilo voltará para você como se fosse seu destino.

TUDO NA VIDA COM QUE VOCÊ NÃO LIDA VOLTA PARA VOCÊ COMO SE DESTINO FOSSE.

Isso quer dizer que tudo que você não enfrenta retorna como se fosse o futuro, e na verdade é o passado te revisitando. E ele te revisita até que você resolva, de uma vez por todas, aquela dor. Até que lide com ela e pare de ignorá-la. Até que o aprendizado aconteça.

Vou dar um exemplo: você tem uma filha e compra para ela uma Barbie. A cada temporada ela quer uma nova. A Barbie é exatamente a mesma, mas você compra outra porque ela mudou de roupinha. E parece nova. Parece outra. Você não diz que é a mesma, mas, se tirar aquela roupa, verá que são iguais.

Nossos problemas são exatamente assim. Aparentam ser algo novo, mas, quando você tira a roupinha e a perfumaria, aparece a mesma coisa.

Na minha história, tive a oportunidade de revisitar os mesmos problemas diversas vezes. Por exemplo: quando eu me aproximava de pessoas das quais não precisava me aproximar, para pertencer a determinado grupo, e elevava essas pessoas ao status de amigos, mesmo sem conhecê-las profundamente e sem ter um vínculo com elas. Eu ia agindo assim por causa da minha necessidade de fazer parte.

Só que a vida nos dá novas chances, e vamos percebendo que não mudamos. Não evoluímos, não "passamos de ano". E aquele desafio aparece repetidas vezes, até que você consiga olhar para a situação, sem fugir dela.

No caso do medo que eu sempre tive de perder as pessoas que amava, quando criança eu passei a acreditar que a vida era eterna, mas o medo da perda permanecia ali, pronto para me revisitar quando eu precisasse enfrentá-lo de verdade. Naquele dia, debaixo do chuveiro, a lição foi finalmente aprendida. Eu não tinha controle de nenhum fator da vida, mas podia coordenar a minha reação aos fatores externos. Podia observar o acontecimento e entender como lidar com ele, sem entrar numa espiral de desespero que me incapacitava de seguir em frente.

Só que muita gente nem percebe que a mesma coisa acontece repetidas vezes e que não é apenas uma rodada de má sorte. É que tudo que não foi superado ou enfrentado nos revisitará. A vida vai se encarregar de lhe oferecer uma nova oportunidade de aprender, até que você finalmente aprenda.

Eu não conseguia imaginar a minha vida sem a Malu. Em meados de 1998, estava há cerca de um ano com uma ex-namorada, tinha sonhado com uma criança e aquele sonho ainda era vivo. Uma menina branquinha de olhos claros que apontava para outro lugar. Eu, com o coração acelerado, calor no peito e frio na barriga, estava hipnotizado por ela, e ela pedindo sem parar que eu olhasse para sua mãe.

Não levei em consideração aquele pedido, pois acreditei que seria a ex-namorada que estava ali atrás, para onde aquela menininha linda insistentemente apontava. Mas não era. Um dos muitos sinais que ignorei.

Só em 2005 fui conhecer a Carla, que já tinha dois filhos de um relacionamento anterior, e, quando a Malu nasceu, o impacto foi profundo. Era a menina do sonho.

E a menina do sonho estava com um diagnóstico terrível. Tínhamos levado ela para o hospital com baixa saturação, sem oxigenação apropriada no sangue, e durante seu processo de internação um medo nunca antes experimentado tomou conta de mim: ela iria direto para UTI. Parecia que o chão se abrira sob meus pés, e uma náusea me bateu com força. Depois da bateria de exames, aguardávamos apreensivos e o médico veio com uma notícia drástica:

— Acreditamos que ela esteja com uma bactéria que não conseguimos identificar.

A pneumonia àquela altura havia tomado conta de um pulmão e de metade do outro. Logo nos informaram que tinha ocorrido um derrame pleural, e seria necessário fazer uma cirurgia. Para completar, parte de um dos pulmões havia necrosado.

Na noite anterior eu tinha tido uma discussão com uma enfermeira do hospital. Ela queria me tirar do "meu" sofá da recepção da UTI — era de madrugada e, em teoria, eu não poderia estar lá.

— Só saio daqui com a minha filha. Se você realmente quer me tirar daqui, traga a polícia, o exército, eu não sei... Minha filha está ali dentro, só saio com ela.

Não lembro do que despertou aquela força em mim, mas os filhos têm essa virtude. De despertar o melhor dentro de nós. E a Malu tinha resgatado a minha vida. Minha esperança. Tinha resgatado tudo. Só que ela estava ali, entre a vida e a morte.

Naquele banho, enquanto a água corria pelo meu corpo, tive talvez o meu mais importante despertar. Quem era eu para escolher não viver num mundo onde minha filha não sobreviveria? Que ato de covardia era aquele que me fazia preferir a morte a não sofrer sua ausência? E a soberba de me achar melhor que ela? Afinal, se Deus me levasse, Malu cresceria sem um pai, contudo eu não poderia viver sem minha filha. O que me fazia melhor?

Até aquele momento da vida, na minha ingenuidade ou ignorância, eu ainda teimava em colocar Deus como a última opção. Só recorria a Ele quando não havia mais nada que eu pudesse fazer... e eu estava errado.

Senti um frio e uma conexão que percorreu todo o meu corpo. Desliguei o chuveiro e foi então que percebi que a água estava tão quente que havia até feito uma bolha nas minhas costas. Enquanto fazia aquela reflexão, eu tinha perdido a sensibilidade do corpo.

Aquele ponto de vulnerabilidade me despertou uma força. Eu não tinha mais nada a perder.

⚷

O que eu quero neste capítulo é que você faça um diagnóstico da sua vida. Você terá que identificar as situações não resolvidas, as que se repetem — parecendo diferentes entre si, mas trazendo sensações exatamente iguais.

Mas, Marcos, como entender se são novos desafios ou se são desafios com nova roupagem?

O que sugiro, a partir de agora, é que você faça um paralelo de "coincidências" para que possamos fazer esse diagnóstico com total precisão.

Um bom diagnóstico te encurta muito o caminho a ser trilhado. E o que seria um "bom" diagnóstico? É aquele que nos leva a concretizar o que idealizamos. Quando percebemos que já temos em mãos tudo o que precisamos, quando as medidas a serem tomadas já são conhecidas nossas ou de fácil realização. O bom diagnóstico é aquele que colocamos em prática rapidamente, sem grandes resistências e/ou dificuldades de nossa parte. Contudo, nem todo diagnóstico é bom... Às vezes ele requer uma busca mais profunda, um enfrentamento maior de nós mesmos. Às vezes precisamos lutar bravamente para trazê-lo à tona. Pior quando o diagnóstico não é o que esperávamos ou é errôneo, ou seja, ele nos conduz a um caminho diferente, árduo e de difícil resolução. Nos leva por uma jornada onde nos apequenamos, afugentando nossas habilidades ao invés de fortalecê-las.

Tenho uma aluna que amava correr e estava feliz da vida por ter conseguido se classificar para uma importante maratona quando foi diagnosticada com câncer... Dias de luta e superação se sucederam. Ela foi uma guerreira, venceu a doença e teve muito aprendizado. Foi então que recebeu outro diagnóstico:

— Você nunca mais vai correr como corria!

Dito pelo médico, o cara que ajudara a salvar a vida da minha aluna. Havia ali uma autoridade construída, uma crença, que fez com que ela aceitasse o tal diagnóstico sem sequer questionar.

25

— E assim foi, até aqui — me contava ela no curso.

Mas a aluna estava ali, na minha frente, disposta a mudar tudo. Foi então que pedi a ela que renunciasse àquele momento, e, dentro de uma das ferramentas ensinadas no curso, ela foi recontando a si mesma aquela mesma história, só que com um significado diferente. Não podemos mudar o que aconteceu, contudo podemos mudar o significado para nós daquilo que aconteceu, ou seja, podemos ressignificar, como veremos nas próximas páginas.

Era hora de fazer o teste. No dia seguinte, seguindo minhas orientações, a aluna guardou o relógio no bolso e correu sem se preocupar com o tempo, simplesmente correu. Talvez uma corrida de liberdade, para se livrar da crença que ela construiu quando recebeu o diagnóstico.

Ao término do treino, a aluna pegou o relógio e teve a grata surpresa: tinha feito um tempo tão bom quanto fazia três anos antes... antes do diagnóstico. Desde esse dia já se passaram dois anos, e fiquei muito feliz em saber enquanto escrevia este livro que ela novamente se classificou para a mesma maratona que correu antes do câncer. Neste caso, com um tempo ainda melhor que da primeira vez, estabelecendo um novo recorde pessoal.

Isso é o que um diagnóstico mal-feito ou equivocado pode causar: crenças que te limitam. O que torna um diagnóstico mal-feito é não perceber todas as vertentes que englobam o que se quer diagnosticar. Às vezes construímos verdades absolutas pautados nas informações dos outros sem sequer consultar como nos sentimos em relação àquela ideia que estamos prestes a comprar. Contudo, isso só ocorre quando é ACEITO por nós, ou seja, o importante não é o que nos falam, e sim tomar aquilo que foi dito como se verdade fosse. As chamadas crenças limitantes podem tolher nossa capacidade, mitigar nossas realizações. E o fazemos de forma inconsciente, visando à nossa própria proteção. Criamos em nossa mente, a partir de tal diagnóstico, medidas de defesa para um ataque inexistente ou que jamais chegará.

Aos seis anos descobri que a morte existia. Não lembro como, mas me veio a consciência de que as pessoas queridas poderiam morrer em algum momento, e então passei a orar todas as noites a fim de "livrá-las" da morte. O medo e a sensação de perder alguém era uma coisa com a qual eu não sabia lidar. Algumas noites, quase todas, eu chorava pedindo que nunca meus pais e meus irmãos morressem. Notando que eu andava assustado, inquieto, um dia me levaram a um local para assistir a uma palestra. Depois de ouvir as palavras do orador, descobri que a vida é eterna. Aceitei esse diagnóstico, e isso acalmou meu coração.

Morrer não era o fim. Mas naquele momento eu ainda não entendia que não era exatamente o medo da morte que me visitava todas as noites. Tratava-se do medo de perder alguém para ela.

Só que eu era muito novo para fazer essa reflexão. A vida foi muito legal conforme ia crescendo, mas, no meu íntimo, eu persistia sozinho e desconectado das pessoas. Talvez porque tivesse medo de dizer como via as coisas. Minha sensibilidade me dava a impressão de que eu podia pressentir acontecimentos, algo estranho. Às vezes, quando conversava com alguém, eu me perguntava como parecia saber a história da pessoa antes mesmo que ela me contasse, como se fosse um grande *déjà-vu*. Seria uma bênção? Naquela época eu ainda não tinha o conhecimento que tenho hoje, ainda não havia sido apresentado aos dons espirituais bíblicos... Ainda achava que era eu quem fazia algo. Enfim, sigamos...

Eu queria ser igual às outras crianças. Então, aos poucos, fui deixando aquele Marquinhos intuitivo de lado. Eu achava que um menino engraçado e corajoso, legal e cheio de amigos não se parecia com aquele garoto que eu via no espelho, cheio de sentimentos, emoções, intuições, sonhos. Então, comecei a me deixar levar para pertencer. Fui me diminuindo para caber. Ignorando tudo aquilo que sentia diferente em mim para ser igual a todo mundo. Eu ainda não havia me dado conta de que ninguém é igual a ninguém e da beleza e importância que esse fato carrega.

Tenho nítida lembrança de quando, ainda adolescente, me deixei levar por uma brincadeira entre amigos. Surgiu a ideia tola de quebrar uma lâmpada da estradinha de terra, e eu não achei legal. Mas eu sempre fui o cara da turma que queria fazer tudo certinho, sabe aquele que é chamado de bunda-mole? Eu queria pertencer, e me deixei levar entrando no jogo. Me senti um maria-vai-com-as-outras. Me senti mal, culpado, e arquei com essa sensação ruim que eu mesmo me causara. Tudo isso para fazer de conta ser quem eu não era. Eu estava distante de ser aquele menino que fazia piadas o tempo todo, enturmado, engraçadão. Contudo, eu acreditava que seria esse o passaporte para minha aceitação na turma (e eu nem sabia que bastava apenas EU me aceitar), logo, eu assumia aquela máscara para fazer parte do grupo.

Ressalto que é um grupo que eu amo e com quem até hoje tenho contato, e que talvez eles percebam essa mesma história de forma diferente se questionados. Tratava-se de mim, e não deles. São amigos incríveis que não apenas fazem parte da minha história: eles também a abrilhantaram nos bons e nos maus momentos, lado a lado comigo. Acredito que poderia ter passado ótimos momentos e aproveitado ainda mais se eu, à época, tivesse mais maturidade ou no mínimo autoconfiança. Ocorre que eu não me conhecia a fundo, e é difícil confiar naquilo que não conhecemos. Ser engraçado e fazer piadas acabou se tornando parte da minha personalidade; mesmo hoje em dia eu carrego um lado palhaço. A diferença é a acidez do humor. Naquele tempo era muito mais corrosivo, às vezes até ofensivo, talvez visando chocar para eu ser visto na tentativa desesperada de pertencer.

Acredito que vamos nos afastando tanto de quem somos, para pertencer, para sermos aceitos, para parecermos ser ou apenas para aparecer, que esquecemos de nós mesmos. Tenho em casa um contraponto. Desde muito pequeno, dois para três anos de idade, o Gui, meu filho, mostra uma personalidade incrivelmente autoconfiante. Ele não era comprável com um doce, ou um benefício: ele decidia algo e seguia o seu caminho, e até hoje é assim. Um jovem maravilhoso que curte ouvir Vinicius de Moraes, Edith Piaf, que se emociona, que não se deixa levar para pertencer. Ele curte um monte de coisas que os jovens da idade dele gostam também, e não deixa seus gostos fora de moda serem sufocados para caber em lugar algum. E eu me reconheço em parte nele. Eu também tinha gostos muito diferentes para a idade e a época; a diferença é a autoconfiança, que eu não tinha e meu filho tem. Aprendo com ele todos os dias.

Hoje, com meu trabalho, eu sei que essa é uma das pragas da humanidade. Pessoas sendo completamente diferentes do que elas são, para caber num lugar que não tem nada a ver com elas. Mesmo se massacrando e se sentindo mal com aquilo, preferem vestir outra personalidade a assumir a si mesmas. Porque ser quem você é exige muita coragem. E o caminho pode ser outro, às vezes longe daquelas pessoas que você acha que seriam legais para sua vida.

Mas eu ainda era uma criança. Ou melhor: um adolescente. E caí nessas armadilhas outras tantas vezes. Certa vez, quando o pessoal estava querendo beber... Aquela fase, sabe? Tomei um porre ao lado deles. Não era a minha vontade e, no oba-oba, fui junto. O preço foi alto: vomitei até dizer chega, passei muito mal e confirmei que não fazia o menor sentido ser daquele jeito.

Foi nesse instante que algo dentro de mim fez barulho. Eu não queria mais passar por cima de mim mesmo para pertencer. Eu não queria mais ser quem eu me esforçava tanto para parecer ser. No entanto, eu diagnosticava o que não queria, mas ainda não conseguia diagnosticar o que queria. E isso fazia crescer uma insatisfação. Eu sempre estava em busca de algo que não sabia o que era.

Talvez você esteja pensando: "Marcos, tá tudo bem, todo mundo toma um porre na vida".

EU COSTUMO DIZER QUE *TODO MUNDO* É MUITA GENTE...

Concordo que faz parte de um amadurecimento meter os pés pelas mãos enquanto se é jovem, tomar um porre... Acontece, é experiência etc. Ocorre que no caso em questão eu não precisava tomar o porre efetivamente para entender que para mim — ressalto, para mim — não fazia sentido. Os motivos pelos quais escolhi beber em demasia é que estão em questão. Sem hipocrisia: quem sou eu para condenar aqueles que tomam um drinque ou dois, que se divertem... Eu mesmo, mais jovem, era muito baladeiro e curtia muito... Até de promoter em balada eu trabalhei. Apenas não via, já àquela época, sentido em beber até cair, os famigerados exageros. E era exatamente esse o ponto que estava acabando comigo: passar por cima de mim, daquilo em que eu acreditava, apenas para pertencer. E o vazio dentro de mim seguia, ainda sem explicação.

Às vezes eu conhecia alguém e pensava com meus botões: "Talvez seja isso que tanto busco, fazer amizade com essa pessoa". E aí eu movia o mundo para atender àquele desejo. E, depois que conseguia, eu entendia que não era aquilo. Via outro caminho, que parecia tão poderoso, e pensava "é isso que vai fazer as coisas fazerem sentido". Eu caía de cabeça e via que também não era, um loop de tentativas e erros que parecia infinito. Cheguei a ouvir que não tinha foco, que não sabia o que queria. Essa incessante busca turvava minha percepção ao tentar descobrir o que era aquele vazio.

Ser "diferente" me fazia pensar no porquê de eu me achar de fato tão diferente da maioria. Eu simplesmente não gostava das mesmas coisas que os outros. Minhas ideias eram diferentes, meu jeito, minha sensibilidade. Tudo. E eu acabava me tornando um tapete para que os outros pisassem. Não que a culpa fosse dos outros — era EU quem permitia, às vezes até fomentava, de forma inconsciente, que tudo acontecesse como acontecia, afinal fazia as coisas a qualquer custo. Me mutilei, me violentei emocionalmente várias vezes por conta disso. Era assim que eu ia me distanciando daquele Marquinhos criança. Da criança sábia, espontânea, intuitiva e sagrada que vivia dentro de mim. E ia a cada dia aniquilando um pouco mais aquela voz que conversava comigo. A voz interior que queria me dizer para que eu fosse eu mesmo, que eu abrisse os sentidos e olhasse pro mundo com toda complexidade e beleza que ele tinha.

Foi no final de 1997, num fim de tarde em Curitiba, que se deu uma grande reviravolta que me faria implorar para aquela sensibilidade toda ir embora. Eu estava na cidade e minha mãe disse que eu deveria conhecer um lugar chamado Universidade Livre do Meio Ambiente. Não tinha dado tempo para a visita, mas a vida tem suas artimanhas para nos fazer estar onde devemos estar, quando precisamos entender algo. E, naquele dia, perdi o ônibus para São Paulo e aproveitei para conhecer o local de que mamãe tanto falava.

A Uni Livre era um deleite de sensações. Ali, tudo convidava a refletir sobre nossa relação com a natureza. Havia uma passarela em meio à mata que proporcionava uma imersão nos sentidos, um auditório aberto próximo a um lago, construções em espiral feitas de troncos de eucaliptos e uma beleza natural surpreendente. Tudo me fazia sentir conectado à natureza, e uma onda de bem-estar me invadia, como se eu já conhecesse aquilo.

Eu ainda não sabia que a premissa da Universidade era incentivar as pessoas a criar uma relação harmoniosa com o meio ambiente. Nosso desenvolvimento está diretamente ligado à relação estabelecida com o ambiente em que vivemos. Esse era o princípio ecológico do qual eles falavam.

Comecei a andar e falei comigo mesmo: "Aqui tem uma trilha". Não fazia sentido, uma vez que eu jamais estivera lá antes e nada indicava tal trilha. Contudo, essa impressão me intrigava, e eu comecei a caminhar, sem saber aonde ia chegar. Até que pisei numa placa caída ao chão onde estava escrito "Trilha perigosa. Não ultrapasse".

Talvez eu tenha levado a sério demais aquele aviso. É perigosa a trilha que nos leva ao encontro de nós mesmos. Solitária também. É nessa trilha que enfrentamos a vida sozinhos, que vivemos como somos, como nascemos para ser. Ahhh, se soubéssemos que JAMAIS andamos sozinhos.

"Como você sabia desta trilha?", eu me perguntei, meio incomodado, ou talvez apenas incrédulo. Eu nunca acreditei em coincidências.

Foi escurecendo, estava na hora de ir embora. A entrada e a saída do local se davam por uma passarela sobre a água com a vegetação que parecia se fechar como um túnel natural; o lugar era realmente lindo. Clarões, onde batia o resto da luz solar do entardecer, iluminavam a penumbra no caminho.

"Preciso voltar", foi a impressão que tive, já no final da passarela, próximo do estacionamento. Havia alguém me chamando?

Virei e me deparei diante de uma luz, daquelas que te cegam. Levei um tempinho para ver. Mais tempo ainda para tentar entender. Parecia ser um anjo, uma espécie de luz dançante, algo desconhecido. E eu fiquei alguns segundos estático e hipnotizado com aquela cena.

Tive medo... Virei as costas e parti, entendi que aquilo não podia continuar. Entrei no ônibus de volta para São Paulo e decretei:

"Meu Pai, por favor, chega dessas visões. Fecha esse canal, eu tenho medo".

Eu só queria ser alguém "normal". E assim me afastei de um caminho para o qual só vim a retornar e efetivamente conhecer há pouco tempo.

Existe um livro infantil chamado *Emocionário*, dos autores Cristina Núñez Pereira e Rafael R. Valcárcel, que auxilia a criança a compreender e nomear cada sentimento. Como nós adultos muitas vezes não temos essa capacidade, várias escolas adotaram o livro com a finalidade de ensinar às crianças quais emoções e rótulos que a sociedade dá a cada uma delas. Afinal, para lidar com uma emoção é importante saber nomeá-la.

A mãe de um colega da escola da minha filha disse certa vez que sua filha mais nova estava vendo as figuras e pedindo explicações acerca das emoções. Isso porque ela queria identificar o que estava sentindo naquele dia.

Quando chegou à página do desamparo, a mãe leu a explicação e a criança arregalou os olhos: "É isso que eu sinto".

Para surpresa e desespero da mãe, aquela frase aterrissou na cozinha naquela manhã como uma granada pronta para explodir, e que ela não sabia como desarmar. Ela se sentou no chão e abraçou a filha. Por que estaria se sentindo desamparada? E percebeu que ela própria se sentia da mesma maneira.

A mãe então decidiu que ia olhar para aquilo com mais atenção e naquela manhã não levou a menina para a escola. Foram as duas para o parque, caminhar ao ar livre, buscando entender a razão do desamparo. Tinham identificado aquele vazio que não conseguiam nomear.

Só identificar uma emoção já nos faz ter uma consciência indescritível do momento que estamos passando. Seja qual for o momento externo que faça aquela emoção vir à tona, é a observação do que acontece dentro da gente que nos dá condições para resolvermos nossa vida. No caso do desamparo, emoção que muitas vezes nós adultos classificamos como ruim, ele só foi identificado porque uma criança não tem o filtro para saber se a emoção é boa ou ruim. E para aquela mãe perceber esse sentimento na própria filha foi duro, uma vez que ela se sentia responsável pelo desamparo da filha, ainda que não fosse.

Contudo, aquela situação foi um grande exercício para ambas, que, se não tivessem nomeado aquilo, jamais teriam tomado providências que mudariam o rumo das suas vidas. A partir do diagnóstico da emoção, a mãe percebeu o que a causava e como estancar aquela dor, sem ignorá-la.

O que quero que você perceba é que muitas vezes somos emocionalmente cegos e, além de não termos inteligência emocional para saber como lidar com as emoções, não sabemos nem sequer nomear o que estamos sentindo.

De volta à "minha" recepção da UTI, a enfermeira foi taxativa:

— Minha profissão não me deixa dizer isso, mas eu trabalho na UTI infantil há quinze anos e nunca vi tamanha força vital como a dessa menina. Nós a apelidamos de Tigresa.

Minha filha tinha uma força absurda, eu sabia disso, e ali aquele medo de perder a pessoa que eu tanto amava terminou. Entreguei nas mãos de Deus. Confiei nEle e confiei que aconteceria o que tinha que acontecer. Não podíamos desprezar aquele aprendizado.

Eu tinha me desviado demais do meu caminho. Era um advogado competente e também engessado pela profissão. Eu ignorava o chamado espiritual e percebera o que era realmente importante na recepção da UTI infantil.

Foi uma recuperação lenta, e antes de melhorar minha filha foi piorando dia a dia, minando nossas forças e fazendo de nossa esperança uma montanha-russa.

Enfim, ela saiu do risco iminente depois de longos dias e foi alocada para alguns andares acima para se recuperar no quarto.

Malu teve alta da UTI, mas ainda não tinha acabado.

Foi necessário reaprender a andar, pois ela havia perdido quase metade do seu peso e as perninhas não se firmavam... Primeiro pequenos passos no quarto, depois desbravávamos os corredores do hospital. Naquele momento percebi que ela não estava apenas reaprendendo a andar, estava também me ensinando a fazer o mesmo. Estávamos juntos reaprendendo a andar, literalmente.

Tentamos rastrear quem eram as cento e trinta e oito pessoas que tinham ido doar sangue para a Malu, e a cada passo dado eu entendia que minha filha tinha trazido Deus de volta para a vida de um monte de gente. Ela era o milagre. Lembro de ver ela e a mãe juntas na brinquedoteca do hospital. Durante a fase de UTI, a Carla fazia coques no cabelinho da Malu, tipo princesa Leia, para facilitar as medicações. E lá estavam as duas, de coque, em total conexão, trazendo a alegria de volta para nossas vidas.

Depois de duas semanas, já em casa, levamos nossa princesa para retirar o dreno do pulmão e finalmente ter alta completa. "Malu venceu", era o comentário na nossa rede social.

Estávamos no carro, dias depois, e uma música em inglês começou a tocar. Ela disse "Pai, essa música é minha". Comecei a prestar atenção na letra. O refrão dizia assim:

> *Você me derruba, mas eu não cairei*
> *Sou de Titânio*
> *Você me derruba, mas eu não cairei*
> Tradução de *Titanium*, de David Guetta e Sia

Em seguida Malu disse que, quando crescesse, seria médica cirurgiã pediátrica para salvar a vida das crianças em agradecimento ao médico que salvara a sua. Ela tinha cinco anos, CINCO.

Então, escondidas atrás dos meus óculos escuros, lágrimas teimavam em escorrer livremente... Lágrimas de alegria e, acima de tudo, de gratidão! Naquele momento, naquele exato instante, fez-se um milagre em mim.

Tenho uma amiga que dizia que sempre lidava com chefes problemáticos. Segundo ela, a relação começava boa, só que com o passar do tempo ela acabava acumulando funções e notando que aqueles líderes que admirava cada vez mais exigiam dela coisas que não faziam parte de sua função. Começamos a conversar quando de repente ela teve o insight:

— Só que eu também nunca disse não!

Ela jamais soubera impor limites a eles.

— Das primeiras vezes que me ligavam pedindo coisas nos finais de semana, eu achava que seria legal me colocar à disposição, sem perceber o abuso acontecendo. E eu ia dizendo sempre sim aos outros.

Importante ressaltar aqui: se você acha que não sabe dizer não, já lhe adianto, isso é mentira! Você é excelente em dizer não, só é ruim de mira, pois, ao dizer sim ao outro querendo dizer não, você acaba por dizer não a você mesma. Logo, o problema é o alvo para onde você vem direcionando os nãos que fala!

Quando minha amiga entendeu essa falta de autoestima e amor-próprio era o que a impedia de dizer não, que a fazia acreditar que poderia ser mais aceita ou querida caso fizesse o que queriam, mesmo contrariada, entendeu tudo. Ela precisava assumir as rédeas da situação e se posicionar. Assim que percebeu isso, notou que esse padrão também se manifestava em outras relações além das profissionais. Como não conseguia impor limites, sempre fazia o que as pessoas queriam, e reclamava que isso acontecia repetidas vezes com ela, em *looping*.

Alguns meses depois dessa conversa, nos encontramos. Minha amiga comentou que não tinha mais "trocado de emprego por causa do chefe", que era o que fizera infinitas vezes, encontrando sempre uma nova versão do mesmo chefe no emprego novo. Ela havia conseguido incorporar o aprendizado em sua rotina.

No caso dessa amiga, era muito claro o diagnóstico: sempre que sentia palpitações no peito com uma ligação que vinha do trabalho, percebia aquele passado a revisitando e já imaginava: "De novo isso?". Ela se lembrava das inúmeras vezes que os seus superiores tinham feito a mesma coisa nas empresas anteriores e ficava paralisada. Não conseguia dizer não e já atendia o chamado assustada, acreditando que era uma nova solicitação daquelas que iam tirar seu final de semana ou no mínimo sua paz. De fato, isso acabava acontecendo. E o estopim da crise foi quando, no casamento de uma amiga, teve que ir embora para resolver uma solicitação urgente de seu chefe, uma vez que fora incapaz de dizer que estava ocupada, ou que não podia atender naquele exato momento.

Ela sabia quais emoções aqueles acontecimentos provocavam. As situações eram exatamente as mesmas, só mudavam os personagens.

Ocorre que, às vezes, não são apenas os personagens que mudam. As situações mudam, mas trazem consigo a oportunidade do aprendizado que precisamos encarar para que não se repitam mais.

Acontece que as pessoas, em geral, não têm essa facilidade para identificar emoções. Cada um vai ter um entendimento pessoal. Se eu for comparar o que você entende como tristeza com aquilo que eu entendo, provavelmente vou falhar, porque o meu entendimento sobre tristeza não é necessariamente equivalente ao seu. Sentimos de maneiras distintas, em locais diferentes do nosso corpo, apenas colocamos o mesmo rótulo: TRISTEZA.

Um exemplo: angústia é uma palavra que muita gente sente e não sabe nomear. Uma outra amiga minha disse que nunca havia identificado essa emoção dentro de si, até que um dia, assistindo a um filme sobre a trajetória de Elis Regina, ela viu a personagem principal do filme, em determinada hora do dia, verbalizar:

— Chega essa hora do dia e eu sinto uma angústia...

Naquele momento, vendo o filme e a maneira como Elis demonstrava sua angústia, ela percebeu: eu também sinto. É isso. Angústia é o nome do que eu não sei explicar que sinto no fim do dia.

E se você que está lendo este livro quiser identificar a angústia, basta respirar um minuto em algo que tenha lhe causado tal sentimento. Você conseguirá dizer exatamente onde está localizada a angústia em você. Isso porque as emoções refletem no nosso corpo, e a gente só sabe que está sentindo a emoção porque ela mexe.

Como assim ela "mexe"?

Calma, vou explicar... "Sensação" está ligado a sentir, correto? Pois bem, tudo aquilo que chamamos de sensação podemos validar no nosso corpo, e só conseguimos identificar porque há um movimento. Esse movimento pode ser um giro, um pulsar, um queimar, um rasgar, um apertar... Quando você bate a mão, por exemplo, e percebe que está doendo, já notou que parece que há um "coração batendo" bem ali? É esse pulsar que identifica onde está a dor. A angústia, a solidão, a alegria, a tristeza etc. também se mexem dentro do seu corpo, denunciando onde estão. É um alerta corporal para te mostrar COMO você sente o que sente.

Ao fazermos esse exercício, minha amiga repetiu o movimento da Elis: colocou a mão no peito, como se tivesse água represada ali, e se mexeu. Era dessa maneira que a sensação de angústia era percebida pela minha amiga. Importante destacar que, se deixar o corpo relaxado e levar a mão ao local da sensação a ser diagnosticada, naturalmente você vai perceber o deslocamento da mão, normalmente denunciando qual é o movimento do seu sentimento, e não apenas o local.

O que eu quero que você note é que o diagnóstico é interno e não externo.

Minha amiga sabia exatamente o que causava a angústia nela: desde que seus filhos tinham nascido, chegava o entardecer e ela ficava dentro de casa com eles, que choravam geralmente no mesmo horário. Seu marido não chegava, ela começava a ficar angustiada, e aquela sensação a revisitava todos os dias no mesmo período. Mesmo identificando o mal--estar, ela não conseguia sair daquilo. Muitas vezes, para aplacar aquela sensação, ela bebia alguma coisa ou comia, uma fuga ou talvez uma compensação por não conseguir fazer a angústia ir embora.

O importante é a pessoa estar ciente dessa sensação. A angústia é só o rótulo. O nome que nos faz identificar aquilo que nos transtorna por dentro e não conseguimos fazer nada a respeito em um primeiro momento.

O diagnóstico nos faz saber que a sensação está lá, que ela existe. Como quando fazemos um exame para entender se estamos com algum vírus ou bactéria. E lemos o diagnóstico para que possamos apontar caminhos de como vamos combater aquilo que pode estar nos destruindo.

Tem gente que pega diagnóstico de dengue, vê o número de leucócitos no sangue e acha que é o fim do mundo. Tem gente que dá graças a Deus que é só dengue. Bom ou ruim não é o diagnóstico em si, e sim o que você faz com o que está sendo diagnosticado.

O que é essa dor? O que é essa angústia? O que isso vai fazer com você?

A repercussão do diagnóstico é o que vai te fortalecendo emocionalmente.

A filha de uma conhecida estava com dificuldade para interagir na escolinha e a diretora sugeriu passar em consulta com uma fonoaudióloga. Assim foi feito, e já na primeira sessão a fono deu o diagnóstico de que ela era autista.

Não estou aqui para julgar ou condenar ninguém pelos erros, uma vez que todos nós erramos e fazemos diagnósticos errados, às vezes diariamente. Não se trata do equívoco e sim da repercussão. A mãe da menina ficou sem ação, pois foi pega de surpresa. Ela também tirou suas próprias conclusões de forma equivocada, e sofreu as consequências disso. Por dias ficou ansiosa, analisando a filha, e ora concordava e não sabia como agir, ora achava que recebera o veredito errado. Passou semanas difíceis pelo SEU diagnóstico impreciso e não o da fono. Sim, depois outros exames foram feitos, outros profissionais foram consultados, e entenderam que se tratava apenas de um pequeno atraso na fala que seria corrigido com o passar do tempo.

Quero ressaltar que não se trata apenas das avaliações que recebemos erradas. Isso acontece frequentemente. É importante também esclarecer que são as avaliações que nós fazemos sobre o que a vida nos mostra, e PRINCIPALMENTE como reagimos a elas, que influenciam nosso caminho. A conhecida reagiu como se fosse o fim dos tempos, e não era. Poderia ser inclusive um novo mundo se abrindo, novas oportunidades de dedicação e aprendizado, possibilidades de cada vez mais dar e receber amor, mesmo fugindo da "programação".

Quando conversávamos, eu sempre ressaltava o lado bom de todo aquele momento, apontava para locais e possibilidades que ela não estava percebendo, e na maioria das vezes era em vão, afinal ela estava fechada em seu diagnóstico equivocado. O fato é: nós erramos. Todos nós e em vários momentos. Ficar estagnado, derrotado, culpado por um veredito equivocado vai nos corroendo de dentro para fora. Isso pode acabar conosco pouco a pouco, dia após dia. Logo, permita-se fazer um novo diagnóstico, mais profundo e sem julgamentos.

Emoções são muito mais que palavras jogadas. Em vez de entrarmos em parafuso e cair num buraco, em desespero e desnorteados, por exemplo, quando tomamos consciência de emoções que nossos filhos ou entes queridos estão experimentando, cabe a cada um de nós buscar conexão com o sentimento e tomar uma decisão que nos aproxime de identificar o motivo disso. Estender as mãos em auxílio, no lugar de simplesmente refutar para preservar nossa zona de conforto.

Só que acordamos todos os dias e fazemos as coisas no modo automático, ignorando completamente as emoções. Muitos não vivem, só produzem, sobrevivem, empurram com a barriga e negligenciam a própria vida.

A busca, a grande busca, vai além.

Eu, quando diagnostiquei o que me incomodava sobre a minha própria pessoa, pude perceber que a tal grande busca nunca tinha sido apenas servir ao outro. A busca, desde sempre, era para preencher o vazio que havia dentro de mim. Eu me sentia sozinho. Nunca estivera realmente "no Marcos". A solidão parecia ser essa incessante busca. Parecia...

E, agora sei, a procura sempre tinha sido por quem de fato eu era ou poderia ser, e eu estava buscando no lugar errado. E qual o motivo da busca parecer ter terminado quando formei minha numerosa família? Respondo: cada vez que atinjo um objetivo — e o desejo de formar uma família era um gigante objetivo — eu acreditava que a busca tinha terminado. Talvez estivesse apenas tentando me convencer.

Só que, ao diagnosticar que mesmo com a minha sonhada família persistia a sensação de solidão muitas vezes rodeado de pessoas, eu entendi que o grande lance era sair dessa sensação cíclica e doentia que me acompanhava havia muitos anos. E foi diagnosticando esse vazio que entendi que só não experimentava essa sensação no palco. Ali eu deixo a máscara cair e me dispo do personagem. Sob as luzes, não tento agradar para pertencer a lugar algum. No palco eu sou quem sou — não tem busca. Eu me encontro.

E assim percebo que essa busca é a grande história da minha vida: preencher o vazio interior. E de forma assertiva vos digo: esse vazio que carreguei durante anos a fio só poderia ser preenchido de verdade de uma única forma, a mais poderosa maneira: por Deus. É o Espírito Santo quem preenche esse vazio que eu carregava e que talvez você carregue também. Apenas Ele.

Convivi a vida toda com o medo latente de não ser amado ou aceito. O medo de decepcionar o outro. E quando, eventualmente, desapontava alguém, isso significava para mim que não havia sido grande o bastante para a tarefa. E eu me decepcionava profundamente com isso.

No entanto, quando eu subo no palco não tenho mais esse medo! Ali entendo que as pessoas têm escolha de gostar ou não do que estou dizendo ou fazendo. Eu posso lidar com isso, me sinto um instrumento de Deus, o vazio já não existe mais.

Difícil é enfrentar o estender de mãos a um filho e não ser o suficiente. É não conseguir suprir as necessidades das pessoas que me são extremamente caras.

Os momentos de maior êxtase emocional, quando as pessoas mais se conectam com elas próprias nos eventos que faço, ocorrem quando deixo fluir. É quando o Espírito Santo age através da minha boca. Estou ali inteiro e não tenho medo de não servir ou não caber. Eu simplesmente transbordo.

As crenças que me perturbam vão embora. "Será que minha família vai ter orgulho de mim? Será que as pessoas vão gostar?" Não existem tais dúvidas nem os medos de não ser aceito e ou de decepcionar quando entendemos QUEM é que preenche o que antes era vazio.

Ao diagnosticar esse ponto da sua jornada, você retoma as rédeas da sua vida e o protagonismo passa a habitar a sua caminhada. Você sai do banco de reservas e passa a jogar o jogo, deixando de assistir à sua história passar, enquanto come pipoca, chora, sofre e ri, como se não tivesse como mudar o enredo. Você passa a atuar dentro da própria vida, aprendendo com o autor, diretor, produtor e a estrela principal, você, e, finalmente, pertence a si mesmo. E não me entenda de forma equivocada nesse importante ponto: o protagonista não é você, e sim Deus! Esse é o grande X da questão. No momento em que você se toca disso, não precisa mais assistir em replay à temporada passada. Você simplesmente assiste à nova, sabendo quem é o Criador. Sua vida não precisa ser como uma trilogia que conta a mesma coisa.

Mas isso dá medo, admita. Você está confortável com seus problemas. Você sabe lidar com eles — apesar de serem muitas vezes insuportáveis, eles te trazem sensações já conhecidas. Com os novos desafios você não sabe ainda como lidar. E quando decide tomar as rédeas de sua vida, apontando novos caminhos, naturalmente você vai identificar novos problemas, novas dificuldades.

ESSA "LAMA" QUE ESTÁ NA SUA VIDA AGORA, VOCÊ JÁ CONHECE! PODE SER RUIM, EU ENTENDO... MAS É UM RUIM CONHECIDO. VOCÊ JÁ SE ACOSTUMOU COM ISSO. O DIAGNÓSTICO DO QUE ESTÁ SE REPETINDO NA SUA VIDA TE OBRIGA A TOMAR DECISÕES,

FAZER NOVAS ESCOLHAS, MAS AS MUDANÇAS QUE ESSAS ESCOLHAS APONTAM TRAZEM UMA NOVA VIDA, E, COM ISSO, NOVOS DESAFIOS. E NÃO SABEMOS LIDAR COM NOVOS PROBLEMAS. SERÁ QUE VOCÊ ESTÁ PRONTO PARA ABRAÇAR O NOVO?

Certa vez uma aluna disse durante um treinamento:

— Tô com um marido ruim, mas prefiro esse porque é melhor estar com quem eu conheço os defeitos, e sei como lidar, do que me desafiar a mudar.

Isso prova que muitas pessoas são masoquistas — preferem e aceitam o marido, no caso, que está fazendo mal a enfrentar a batalha de restauração do casamento. Restaurar tem o significado de "tornar a colocar em seu lugar original". E para isso é importante ceder em alguns pontos, exigir outros, buscar aconselhamento, pedir ajuda — desistir se torna fácil e, como na maioria das vezes, ineficaz. Ei, está na hora de se lembrar de quais foram os motivos que primeiramente te fizeram casar e construir uma vida a dois. Todos nós vamos apresentar defeitos (todos nós temos pontos a melhorar), mas nem todos entendem que podem ou talvez até devam ir em busca de uma vida plena, cheia de amor.

As pessoas dizem que o grande medo do ser humano é morrer. Mas, para mim, não. Acredito que o grande medo do ser humano é viver.

A partir do momento em que você diagnostica o que está acontecendo com a sua vida, pode fazer as escolhas conscientes. E elas podem vir por medo ou por amor. Tem muita gente que sabe onde está a adversidade; o problema da pessoa é conscientemente continuar naquilo. Viver uma vida sabendo o que te faz mal e não tomar nenhuma atitude é tão nocivo quanto deixar de viver. É um "suicídio" a longo prazo. Quem sobrevive não vive. Em algum momento você precisa responder para si mesmo o que quer para a sua vida. Confesse:

você sabe exatamente o que quer, aquilo que deseja e também o que te machuca. Em algum nível, consciente ou não, você sabe. Mas quando diagnostica tem o poder de escolher se quer continuar com o sofrimento ou abandoná-lo.

Vamos postergando os sonhos e nos acostumando com uma vida de tristezas porque somos covardes.

Por que eu queria tanto ser pai? Talvez pelo fato de que nunca havia me dado conta que tinha uma necessidade em ser visto e me sentir aceito pelo meu pai. Eu percebi depois isso. Vale ressaltar que se trata de um sentimento meu e não de como meu pai me viu ou deixou de ver. Nós temos nossas perspectivas e entendemos o mundo através delas. Tem a ver comigo e não com ele. Meu pai foi, é e sempre será o melhor que pode para mim e meus irmãos.

Esse despertar é uma continuidade, e todos sabemos: a vida não tem roteiro nem é monotemática. Não temos clareza de todos os nossos papéis, não é fácil reconhecer todos, afinal são muitos.

Na maioria das vezes as pessoas fogem quando entram nesse conflito dos papéis da vida. Não é consciente. Saiba: aconteça o que acontecer, você ficará bem, pois é parte de um aprendizado.

Alcançar o estado de graça, a libertação obtida ao percorrer nossa busca espiritual, pode se complicar, pois muitas vezes buscamos fora o que está dentro de nós. Que grande bênção é finalmente perceber que não há mais vazio.

E como fazer o diagnóstico?

Para diagnosticar é preciso levantar informações, fazer uma análise detalhada (quanto mais detalhes, mais assertiva será) de como você está emocionalmente. **Você deve silenciar para se ouvir**. Para tanto o primeiro passo é questionar-se.

Se faça perguntas incessantemente e permita que a resposta chegue até você. Ressalto, FIQUE NO PODER DA PERGUNTA. A resposta é consequência.

O que me incomoda? Qual o nível desse incômodo? Qual emoção/sentimento ele causa? Qual o motivo disso me incomodar? Qual lição embutida nele que eu ainda não aprendi?

Sinta o incômodo, deixe ele responder, não fique usando sua mente racional para responder; ela não encontrará a resposta. A resposta certa aparece quando fazemos a pergunta certa. Então, foque na pergunta.

Se não encararmos e aprendermos as lições que a vida nos apresenta, seguiremos eternamente em círculos, frente a frente com as mesmas lições e estagnados no caminhar da nossa jornada.

Recapitulando:

1. Questionar-se.
2. Ficar no poder da pergunta.
3. Silenciar para se ouvir.
4. Sentir o incômodo e deixar que ele responda.
5. A pergunta certa te trará a resposta adequada. Foco na pergunta.

A importância de conhecer e nomear nossos sentimentos é a possibilidade de se aprofundar no diagnóstico. Para tanto, vou te ensinar a fazer um mapeamento das suas emoções. Eu o chamo de **HOLTER DAS EMOÇÕES**.

Ele carrega esse nome por conta daquele exame em que um aparelho chamado Holter monitora, por meio de eletrodos colocados no peito, o coração por vinte e quatro horas. É um monitor que fica na cintura do paciente e visa identificar, registrar e quantificar quaisquer distúrbios no ritmo cardíaco dele durante as atividades diárias.

Muito bem, o nosso exame funciona assim: durante três dias no mínimo, anote todas as suas emoções, mapeie, perceba-se. Note que não há aparelho algum para fazer isso por você, então mãos à obra. O sucesso desse exercício está diretamente ligado à sua atitude, então chegou a hora de colocar em prática. Dê nome aos seus estados emocionais e faça uma lista de perguntas para cada um: Como foi que surgiu esse sentimento? Qual foi o gatilho que disparou essa sensação? Em qual estado eu estava antes? O que de fato me fez mudar de um para o outro?

As perguntas são apenas para exemplificar, ok? Na prática você pode (talvez deva) criar suas próprias indagações a fim de ser levado a se conhecer ainda mais, melhorando seu diagnóstico.

Com o "Holter das emoções" e seus questionamentos você será capaz, assim como eu fui, de fazer uma melhor análise sobre seu momento e suas reações às emoções que permeiam seu dia a dia. Dessa forma você vai identificar o que de fato está acontecendo e o que precisa ser mudado.

Ao identificar suas emoções, fica mais simples saber o que é real, o que é seu ego gritando e o que é o bom e velho "mimimi". Comecemos por este último. Mimimi é o poder que todos nós temos de nos vitimizarmos. Ele aparece na forma de reclamação muitas vezes. Leva esse nome por ser uma onomatopeia para um choro ou aquela reclamação contínua. Será que isso que você acredita estar vivendo ou ao menos passando é algo real de fato ou apenas um mimimi? Seja honesto consigo mesmo!

Muito do que acreditamos ser problema é apenas o nosso mimimi ativo, na maior parte das vezes para camuflar nossa insegurança e a necessidade de chamar atenção.

E aí? Era mimimi? Se sim, invista os próximos trinta segundos para aprender com a vergonha solitária que pode estar sentindo neste momento, abra um grande sorriso, desses que só aparecem quando a gente aprende uma lição, e siga em frente. Se não, passemos para o ego.

Ego, para a filosofia, é o "eu de cada um". Na psicanálise, faz parte da tríade ego, superego, id. Ele é uma espécie de guardião com a função de defender sua personalidade, manter o equilíbrio do instintivo (id) com o ambiente, mas sem ferir valores morais (superego). Se o ego está elevado ou inflado, isso faz com que o "parecer ser" tome o lugar do ser.

O desequilíbrio da realidade ocorre quando passamos a dar, em demasia, "ouvidos" ao ego, e ele fala alto muitas vezes. Perdemos a conexão com o razoável e mascaramos nossas dores com uma força contrária e ilusória. Parecemos fortes, mas estamos frágeis. Bradamos a autoconfiança quando a insegurança é quem reina, nos mostramos decididos quando na verdade estamos perdidos.

O EGOísmo, ou, na psicologia, o egocentrismo ocorre quando desejamos exclusividade no sentimento e nas ações do outro. Passamos a querer ter um fictício controle sobre tudo e todos. E é apenas nossa solidão gritando, a ausência de nós mesmos que dói. De forma mais superficial, podemos confundir com um "se achar", uma porta de entrada para a arrogância. É apenas seu ego chamando sua atenção? O ego tende a querer crescer para sobrepujar o vazio, contudo já sabemos quem é que preenche tal vazio, e, quando preenchido, o ego se cala.

Quando você identifica do que se trata aquilo que está sentindo, abre-se um leque de escolhas a serem feitas.

Se não for seu mimimi e nem seu ego gritando, acolha, perceba, trate! É real para você, e seguramente carrega um aprendizado novo para a sua vida. Invista tempo em você, aprenda sobre você.

Então, o que temos até aqui é um diagnóstico emocional pessoal feito de forma organizacional. Primeiro coletamos a informação, depois a análise dos dados coletados e aí identificamos as oportunidades e possibilidades.

Se serão positivas ou negativas, não se preocupe: trata-se apenas um ponto de vista.

Encoraje-se a fazer as perguntas que acenderão a sua chama interior. Faça quantas puder. Aprofunde, não tenha medo de você mesmo.

Agora você tem tudo de que precisa para seu plano de ação e um diagnóstico muito preciso. Só falta a parte mais importante, que é a sua: AGIR!

Aí você estará pronto para fazer escolhas.

De onde eu conhecia aquela voz?

"Desperta."

Abri o vidro da janela do carro para tomar um ar. O que estava acontecendo comigo?

"Desperta."

Um aperto no peito, uma vontade de me sentar e chorar. Medo de parecer "pequeno" diante dos meus quatro filhos.

O que estava acontecendo com a minha vida?

E
ESCOLHAS

Será que tenho de fato escolhido ou simplesmente sucumbido ao óbvio ou ao que qualquer um faria?

— Do que você mais gosta numa mulher? — perguntaram meus amigos.

— Dos olhos — respondi, antes de ouvir uma intensa gargalhada. Não era uma resposta comum em um grupo de adolescentes naquela época.

— Estou brincando. É zoeira — disfarcei. Aos catorze anos, era difícil assumir quem eu era.

Só que eu estava ali, diante dela. Já não tinha mais catorze anos. Éramos dois adultos num curso de desenvolvimento humano. Um diante do outro. Trinta segundos se tornaram uma eternidade, um instante que revelou algo do qual eu tinha certeza: teríamos uma vida inteira juntos. Os olhos da Carla diziam muito e descortinavam tudo que eu precisava enxergar naquele momento.

Ela tinha uma história que acontecia antes de mim. Separada, dois filhos, e eu de repente me vi inserido nessa história. Contudo, nossa conexão é algo inquebrantável. Nossa ligação foi imediata, para mim, e só vem crescendo com passar do tempo.

Até que certo dia, depois de dois meses de namoro, ela pediu um favor no meio da tarde.

— Pode resolver uma situação pra mim? — foi a pergunta.

— Claro — respondi, sem hesitar.

Carla estava atribulada no trabalho e precisava que eu fosse na escola do filho dela para entregar uns papéis. Eu tinha flexibilidade de horário no meu emprego, então não pestanejei. Corri até lá, e, logo que cheguei, me deu uma sensação ruim: a fachada da escola era esquisita, e assim que entrei foi pior — as portas das salas de aula tinham grades, parecia uma prisão, mas não era só isso. Algo me dizia que ele não devia continuar ali.

Liguei para ela:

— Ele precisa mudar de escola.

Carla quase não conseguiu entender como eu tinha decidido aquilo.

— Como assim? Não posso pagar uma escola particular.

Mas eu podia. E então pedi a transferência dele e fui em busca de outra escola. Como se fosse uma decisão óbvia a ser tomada, transformei minha conta bancária em uma conta conjunta e desde então ela passou a organizar todas as nossas finanças. Ali, na verdade desde que o conheci, eu já havia percebido que em meu coração o Leo era também meu filho, e não apenas dela. O amor intenso e verdadeiro tornou esse diagnóstico fácil e delicioso.

Era outra lógica. Uma que só fazia sentido quando eu seguia o radar do coração. Parecia loucura, mas só se sai do óbvio, dos padrões pelos quais somos bombardeados, quando saímos do senso comum. Tem muita gente que quer seguir a própria lógica e não consegue, pois não existe ou não encontra explicação que valide aquele processo de escolha.

No entanto, respeitar isso é maravilhoso. É preciso coragem, confesso. Se o ser humano pudesse respeitar isso todos os dias, ouso dizer que as pessoas seriam menos doentes e mais felizes.

Para você entender como se dá o processo de escolhas, primeiro tenho que explicar como funciona o processo de visualização e as diferenças do que chamamos na programação neurolinguística (PNL) de submodalidades, mas para isso eu preciso que pense numa coisa que é muito certa para você. O amor por alguém, uma verdade incontestável, algo de que goste muito. É importante trazer essa imagem em sua mente e, ao fechar os olhos, descrever como vem essa imagem para você. Se ela é colorida ou branco e preta, se tem movimento, se tem foco. Se há algum som ou pensamentos, e ainda que sensação ela causa.

Talvez você esteja se perguntando qual a necessidade de fechar os olhos. Pois bem, de olhos abertos nossa visão é limitada ao ambiente em que estamos; uma vez que fechamos os olhos podemos ver o que quisermos, além das barreiras do ambiente.

Depois disso, abra os olhos e imagine uma coisa que você sente que é muito errada. Algo que, para você, é errado. Por exemplo, se você tem convicção de algo que fere seus valores, que te agride profundamente, veja como é a sensação, a imagem, o movimento disso tudo, repita o processo de identificar e perceber essa imagem.

Pronto: agora você tem duas referências completamente diferentes entre si, que propiciam sensações e maneiras de sua mente representar o que é legal para sua vida e o que não é tão bom assim.

Qual o motivo de estarmos fazendo isso? Para desenvolver essa habilidade. Assim, quando você estiver num processo de escolha, vai fazer o mesmo com as duas opções que tiver diante de si: como se pudesse visualizar as duas situações. E, tendo o parâmetro de como se sente no confortável e no desconforto, vai entender qual o melhor caminho a seguir. É um padrão que temos e que mais à frente, quando falarmos de estratégias, vou aprofundar.

Posso te dar um exemplo: uma amiga estava indecisa quanto a aceitar ou não um trabalho. Seria um trabalho muito legal, a pessoa que oferecia tal oportunidade era bem-vista, querida, carregava inclusive a simpatia dessa minha amiga, mas sempre que ela pensava no assunto vinha uma coisa que não sabia o que era, não sabia explicar. Em nossa conversa sobre o assunto, ela finalmente identificou o que era essa impressão esquisita quando fizemos o exercício dos dois caminhos. Ficou nítido que era a mesma sensação de incômodo que tinha quando havia visualizado o "errado". E era isso que gritava dentro dela quando pensava em aceitar esse trabalho. Ela não sentia paz.

— Mas qual o motivo disso? Eu gosto dela, o trabalho vai ser incrível, a remuneração é excelente, vêm coisas ótimas junto... Por que eu sinto isso? — me perguntou.

E a resposta é uma só: há alguém que enxerga mais do que você. Normalmente, chamamos isso de "intuição", "instinto", "palpite" etc., mas é o discernimento de Deus recaindo sobre nós.

Analisar a situação conscientemente traria outra escolha. Minha amiga certamente aceitaria aquele trabalho, mas, como nas outras dezenas de vezes que fez isso desprezando a "impressão", depois tudo daria errado e ela pensaria consigo mesma: "Droga, eu sabia que tinha sentido algo me dizendo para não fazer".

É isso que acontece na maioria das vezes em nossas vidas. Vamos dizendo sim para situações que parecem interessantes e não percebemos que podemos escolher o não em momentos em que sentimos algum incômodo inexplicável dentro da gente.

Eu mesmo já me meti nesse tipo de situação, sou ou fui quase um perito nisso. Momentos em que algo ficava engasgado e eu desprezei a sensação, afinal aquilo parecia ser incrível, mas depois levei um tombo — o que veio a me provar que meu "instinto", de fato, estava me dizendo para não ir em frente. É um direcionamento do Espírito Santo que não devemos ignorar.

Acontece que vamos fingindo que não estamos percebendo nada, o tempo todo. E agora eu quero que você faça uma promessa para si mesmo: cada vez que estiver em dúvida entre uma coisa e outra, observe, respire e faça o exercício que eu ensinei. Essa vai ser uma excelente maneira de te trazer uma escolha assertiva, de fato um direcionamento.

Depois de diagnosticar que a minha busca ainda persistia, oculta dentro do meu grande sonho recém-realizado, de me tornar pai de quatro filhos, veio a grande questão: e agora?

Com a urgência da ansiedade que me assombrava, comecei a arquitetar um novo passo. Ou seria um passo seguinte? O que, de fato, eu deveria fazer? Sair do emprego? Continuar e começar em paralelo a fazer os cursos com os quais eu flertava? Jogar tudo para o alto e mergulhar fundo no sonho que não pagava as contas naquele momento?

Eu nem sabia se estava enlouquecendo. Mas tinha uma certeza: aquela insatisfação sempre me levaria para algum lugar.

Muita coisa passava pela minha cabeça. E algo era certo: o que faria a diferença, depois de entender, mapear, identificar e nomear o percurso que eu estava a percorrer, era a escolha que eu faria naquele momento.

A sensação que me visitava era a de um calor gostoso no peito. Isso porque eu percebia um novo caminho sendo mostrado, e com ele também vinha um frio na barriga. Aquele velho e bom conhecido chamado medo, que me assolava quando eu ficava inseguro.

Começo a me recordar de quando senti aquilo pela primeira vez. Tantas questões sem resposta aparente fervilhavam na minha mente, eu sentia que ela podia derreter.

Paro um minuto, respiro fundo, sem saber que precisava ouvir meu corpo. Sim, o corpo fala, e fala alto. Vou abordar isso no capítulo seguinte. Busco entender quando me senti assim. Teria sido quando decidi largar os eventos e migrar para a área do Direito?

Reflito e me dou conta de que posso ir além. Então, mais uma vez vejo os olhos dela diante dos meus. Aquela explosão interna num misto de medo e euforia. A sensação de ter encontrado a paz, de notar o caminho certo a ser seguido. De repente percebo: nas grandes bifurcações da vida, essa sensação intensa e maluca tinha me acompanhado ombro a ombro.

Primeiro emprego, vestibular... Não era uma sensação de momentos em que eu lidava apenas com o novo, e sim a sensação de que se tratava de algo importante. A certeza de que eu precisava fazer uma escolha.

Só que eu sempre segui o fluxo e nunca soube justificar as minhas escolhas. Só quando aprendi a fazer conscientemente, entendi.

No momento que vi aquele portão de ferro diante da sala escolar do nosso filho, fiz uma escolha. Eu poderia ter escolhido ignorar aquilo, aquela sensação incômoda, já que naquele dia o óbvio era resolver um problema e ir embora, que é o que qualquer pessoa faria.

Digo, qualquer pessoa que ignorasse o próprio "instinto". E o que eu quero despertar em você neste capítulo é que a gente pode aprender com a própria "intuição", treinar para a ouvirmos melhor.

Como eu sabia o que deveria ser feito naquele instante em que tomei a decisão de mudar nosso filho de escola, mesmo namorando a mãe dele havia apenas dois meses? A resposta é que eu estava tão conectado com a impressão que tive que sabia o que era certo a se fazer. E quando a gente toma uma decisão com esse nível de engajamento é difícil explicar.

Acontece que nem sempre estamos nesse nível de conexão. As escolhas não são feitas assim, num piscar de olhos. Pelo contrário. Quanto tempo a gente posterga para tomar uma decisão? Quando estamos no *modus operandi* ou "seguindo a manada", pensando como todo mundo, nós ponderamos de outras maneiras.

Começo mapeando as escolhas mais fáceis que tive que fazer. Ir ao cinema ou lavar a louça? Curtir uma música ou estudar a matéria da prova? Daí, identifico as mais importantes, que exigiam atitudes ou que eu renunciasse a uma coisa por outra.

Para tirar conclusões de como fazer escolhas é preciso entender desde como fazemos escolhas banais — como qual pasta de dente usar ou que roupa colocar — até microdecisões que invadem nossa mente ao longo do dia.

Escolhas são feitas o tempo todo, e a maior parte delas no modo automático.

Isso acende um alerta: será que as decisões que tomei, as escolhas "fáceis" que fiz, foram de fato escolhas ou apenas o ecoar de um padrão mental que me protege? Será que tenho de fato escolhido ou simplesmente sucumbido ao óbvio ou ao que qualquer um faria?

Você tem feito escolhas ou se encolhido diante delas?

Ou a gente escolhe, ou encolhe diante da vida. Não tem jeito. Então, o passo seguinte é entender como foram feitas as escolhas.

Em 2016, neurocientistas da Universidade de Buenos Aires fizeram um estudo envolvendo a análise de mais de um milhão de escolhas tomadas em um campeonato de xadrez em Nova York. No estudo puderam notar que as melhores escolhas eram feitas na parte da manhã; logo, chegaram à conclusão de que o melhor horário para fazer escolhas é ao acordar.[*]

Segundo a canadense Sheena Iyengar, psicóloga, economista e autora do livro *A arte da escolha*, publicado em 2010, em média fazemos setenta escolhas ao longo do dia, e para a maioria não gastamos nem dez minutos somados. Menos de quinze por cento das escolhas diárias, de acordo com ela, levam um pouco mais de tempo.

Importante entender que muitas escolhas (ou todas) nós fazemos pela emoção. Só que quem escolhe desse modo, geralmente, não sabe justificar a própria escolha. Qual a lógica de seguir certos caminhos tidos como irresponsáveis? Como explicar para a sua mãe, para o seu vizinho, para o seu chefe, para a pessoa que te olha de fora, que você teve uma impressão de que aquilo era o certo?

Uma das coisas pela qual somos mais julgados são as escolhas que fazemos, afinal convivemos com o peso do resultado delas. A escolha é como uma marca. É a marca que fica quando

[*] Ver: https://doi.or g/10.1016/j.cognition.2016.10.007.

algo deu certo ou deu errado. É a marca que depois vai para a sua biografia. Toda escolha gera uma consequência. A vida não empurra para um dos caminhos sem que tomemos as rédeas do nosso próprio destino. Quem quer assumir a direção precisa ver quadro a quadro a história do filme.

Hoje, estudando a alma (mente) humana, entendo que escolha é o processo emocional que ocorre na mente inconsciente e nos leva a uma justificativa pela mente racional, que chamamos de decisão.

Primeiro comece vendo frame a frame da história do filme da sua vida. Por exemplo, quando olho decisões como a da mudança de escola, aquele portão me mostrou que algo ali estava errado. Dessa forma, o certo, dentro da minha concepção, salta aos meus olhos, e a escolha é feita simultaneamente à decisão. Ressalto, a escolha é feita de forma inconsciente e a decisão é a história que a gente conta para validar a escolha. Perceba desta forma: a mente inconsciente ou emocional faz a escolha e, por sua vez, a mente consciente ou racional valida essa escolha, tornando-a uma decisão.

É automático. É assim que é feito.

Isso tudo me fez notar algo incrível sobre mim mesmo. Logo eu, que era taxado de indeciso e inseguro, e muitas vezes me senti assim de fato. Hoje, olhando para a minha jornada, consigo identificar que era apenas a segurança daquilo que percebo como direcionamento do Espírito Santo que me fez não notar a necessidade de racionalizar para contar uma história a fim de me convencer do que sentia. Eu simplesmente confiava.

Quantas vezes me senti pouco ou nada desafiado quando se tratava de algo automático, apenas como "bater cartão" para me livrar do problema? Quantas vezes a "intuição" gritava dentro de mim e me fazia sentir tantas coisas?

Foi só ao entender que meu processo de escolha estava intrinsecamente ligado aos meus valores e à minha relação com eles que fiz as pazes definitivamente com a minha autoconfiança. Destaco, em especial, o da VERDADE. Dos valores que já feri na vida por N motivos, a verdade foi o que menos profanei, ou talvez nem tenha profanado.

Quando aprendemos a olhar para vida e percebemos qual valor permeou a maior parte das escolhas robustas que fizemos, mesmo contra o óbvio, mesmo em desfavor da segurança, mesmo não parecendo ser uma boa decisão, quando acreditamos na nossa verdade, sempre relacionada com um sentir profundo, respeitamos nossas escolhas e decidimos de forma congruente. Ou seja: ouvimos nosso "instinto", percebemos e aceitamos o direcionamento.

Consegue notar agora que em várias ocasiões nos deixamos levar e não damos ouvidos ao que estamos sentindo? Sim, acontece com a maioria de nós. Eu mesmo já o fiz em mais de uma oportunidade. Quantas vezes você passou por cima do respeito próprio, da "intuição", do que percebia como certo para você? Mesmo quando não parecia...

Olhe pelo lado positivo: com isso ganhamos experiência e aprendizados que nos permitem recomeçar. Foi assim que a escolha nada óbvia, arrojada, beirando a linha tênue da irresponsabilidade, foi tomada: me demiti do emprego, do meu passado, para ser CEO da minha vida. CEO do meu presente. Para poder finalmente criar meu futuro.

Eu estava consolidado como advogado em uma grande seguradora do país, levava uma vida regrada. O emprego me dava segurança e também algum conforto, ou seja, não estava rico e nem passando necessidade, estava tudo bem. Só que esse tudo bem não incluía a mim mesmo. Eu estava sob grande estresse, infeliz, sufocado. E a empresa tinha culpa zero em relação a como eu me sentia. Era interno, entende? Eu não estava feliz comigo, eu não estava no centro da vontade de Deus para minha vida (aprofundarei mais à frente). Dei ouvidos a essa sensação e ela me guiou até uma conversa com a minha esposa regada a muita reflexão de uma madrugada toda. Resultado: escolhi caminhar rumo ao meu sonho. Me demiti e fui treinar com o criador da programação neurolinguística e também no Disney Institute. E como esses treinamentos eram na cidade de Orlando, nos Estados Unidos, de quebra ainda conheci a Disney World. Foi incrível... Libertador.

Você que pode estar aí julgando minha atitude, afinal tenho esposa e quatro filhos, fiquei sem emprego etc., nem perca seu tempo. Meus pais se preocuparam com minha escolha. Eles tinham razão, afinal aos olhos de quem não está sentindo o que eu estava era, no mínimo, temeroso. Minha esposa, por sua vez, foi, e sempre é, minha maior incentivadora a seguir os nossos sonhos. Acredito que ela veja algo em mim que eu talvez ainda não tenha percebido; ela tem esse olhar profundo que penetra o nosso espírito e nos enxerga na essência. Tenho a impressão de que minha esposa sabe algo sobre mim que eu ainda vou descobrir. Talvez seja apenas o amor falando alto. E o mais curioso é que essa "irresponsabilidade" só foi possível por outra ainda maior que veio antes.

Explico: lembra quando a Malu ficou aquele tempo todo no hospital? Pois bem, naquele momento minha vida profissional estava meio congelada, eu recebia trabalhos esporádicos. Então, assim que ela se recuperou, era a minha vez: eu precisava me recolocar.

Mergulhei no mundo de envio de currículos, e a cada uma das entrevistas, que inicialmente até eram promissoras, eu esbarrava em um único ponto: o inglês. Eu entendia bem, até conseguia me comunicar, mas era travado, sabe? Eu tinha "meio que uma vergonha", enfim... Não era o suficiente para ser aceito no trabalho. E isso se repetia. Foi quando a ideia "irresponsável" surgiu: usar as economias de que dispunha e partir para um intercâmbio a fim de resolver o problema do inglês e conseguir a recolocação profissional.

Seriam três meses fora de casa! "Pode isso, produção"? Tomei até bronca da minha mãe, que estava me achando desajuizado:

— Onde já se viu largar a família desse jeito? — dizia ela, inconformada.

Ocorre que eu tinha todo o apoio em casa. Eles estavam "fechados comigo".

A parte curiosa foi que, ao voltar, logo de pronto consegui me recolocar no mercado de trabalho, nessa grande seguradora que falei acima, e pasme: para o cargo que fui contratado não havia exigência de falar inglês.

Existiram muitas escolhas, cruciais para minha trajetória, envolvidas nessa parte da história da minha vida.

Certa vez ouvi de um colega de trabalho:

— Por mais que eu escolha os candidatos mais qualificados para trabalhar para mim, quando começam, eu sempre penso "por que não escolhi aquele outro com quem mais simpatizei"?

Ele não entendia que essa tal "simpatia" vinha de uma afinidade interna que conservaria melhor aquela relação de trabalho do que simplesmente eleger o mais qualificado no papel — com menor grau de afinidade — para passar tanto tempo ao seu lado. Falando com palavras mais empresariais: ele se preocupava com as chamadas *Hard Skills* (habilidades aprendidas) e não dava tanta importância às *Soft Skills* (habilidades comportamentais).

Escolhemos lugares, escolhemos pessoas, escolhemos roupas, escolhemos situações. A vida é um cardápio em que vamos escolhendo absolutamente tudo, e o resultado das nossas escolhas vem como uma marca de quem somos.

Uma pessoa que segue a moda, apenas por seguir e não por gosto na essência, segue o que a maioria das outras faz, assiste aos mesmos programas, veste as mesmas roupas, se comporta do mesmo jeito, trabalha da mesma forma... Essa pessoa está mutilando a si mesma e esfacelando qualquer vestígio de alegria que possa habitar em sua existência. Ao tentar pertencer, ela se diminui, não valoriza aquilo que tem de melhor, de único, e sai de um processo de livre escolha para seguir uma cartilha pronta.

Em vez de pegar um cardápio, ela pega um manual, contudo é um manual para uma vida que não é a sua, ou seja, não funciona! E está cheio de gente que prefere seguir o manual de outrem em vez de escolher o que é melhor para si.

O mundo está repleto de pessoas que preferem seguir a boiada ao invés de seguir o fluxo do que parece certo para ela. Talvez seja por isso que muitas não confiem em si mesmas. Quando estamos certos de algo, sem consciência de que as ideias que embasam aquele momento são preconcebidas, esse algo se torna óbvio dentro da nossa lógica.

O ser humano tem cinco sentidos: visão, audição, olfato, paladar e tato, e a eles damos, na PNL, o nome de sistemas representacionais, pois é por meio desses canais que percebemos o mundo. E cada um dos sistemas carrega uma classe organizacional, que são as tais submodalidades às quais me referi antes. São uma espécie de filtro de como compreendemos cada um desses sentidos. São predicados de cada sentido.

É importante perceber tais predicados a fim de entender a diferença entre certo e errado para você. É necessário estar atento à sensação que te causa cada uma das coisas. Essa percepção é crucial e é diferente da memória.

Algumas pessoas descrevem a imagem mental "certa" como mais vibrante que a "errada", descrevendo aquela que lhes faz mal como "opaca". Outras já trazem um tipo diferente de percepção, e não há problema algum nisso: o escuro pode ser bom, o claro pode ser ruim; não há uma regra. São muitas as possibilidades; trarei algumas para que você se familiarize:

As ligadas à imagem (visual), por exemplo:

- Preto e branco ou colorida.
- Perto ou longe.
- Brilhante ou opaco.

- Grande ou pequena.
- Associada/dissociada (associada é você se vendo em primeira pessoa, fazendo algo; dissociada é a visão em terceira pessoa, isto é, você se vê fazendo algo).
- Focada ou desfocada.

As ligadas ao som (auditiva):

- Alto ou suave.
- Perto ou longe.
- Interna ou externa.
- Em ritmo lento ou rápido.
- Estéreo ou mono.
- Ligeiro ou devagar.
- Agudo ou grave.

Ligadas ao sentir (chamamos de cinestésicas):

- Forte ou fraco.
- Área grande ou pequena.
- Pesado ou leve.
- Localização no corpo.
- Textura: macia ou áspera.
- Constante ou intermitente.
- Quente ou fria.

Isso dá uma noção do que o seu corpo está falando.

E não racionalize em cima das imagens que vêm à cabeça. Não é o fato de ser mais colorida, focada, brilhante e agradável aos olhos que significa que é a imagem do que é certo para você. A percepção das submodalidades é pessoal. E se o certo para você é quando a imagem vem branca e preta, meio opaca? Confie na imagem, não tente mudá-la, ou perderá todo o sentido dessa percepção assertiva de escolha, afinal você retirará o percebido e colocará a sua vontade no lugar.

Pode notar no seu dia a dia: existem alguns assuntos de que você foge sem saber o motivo de estar fugindo. Quando vai lá resgatar a imagem, percebe que a sensação não é medo ou coisa parecida. Você não entende por qual circunstância sente vontade de se resguardar quanto àquele assunto, mas acaba fazendo isso.

Só que é muito difícil justificar esse tipo de situação. Quando você para friamente para pensar ou tomar a decisão, se pergunta: "se esse é o pacote perfeito, por qual motivo estou relutando internamente?".

Trazendo uma metáfora do dia a dia para responder a essa pergunta, a gente pega um belo prato de comida. Ele parece gostoso, tem a cara linda, mas você engole e tem alguma coisa estragada ali no meio que estava imperceptível e te faz mal depois que você já comeu e está digerindo. Olhando para o prato, você jamais diria que ele não seria bom; assim, tenta a sorte e come.

Essa sensação que te impede de fazer algumas coisas que aparentemente dão prazer são como uma trava de segurança, e isso é bem diferente de medo.

Possivelmente agora te deixei mais confuso, mas vamos imaginar uma situação que te coloca muito medo de verdade. Vamos supor que você tenha medo de avião. Você sabe como é o medo de avião, conhece a sensação que isso te causa. E então precisa tomar uma decisão e quer saber se é por medo que está tomando-a.

Vamos supor que você está recém-habilitado para dirigir. Mesmo assim, você já dirige bem e de forma segura, e vai pegar uma estrada para a praia. Você sempre vai para a praia, só que DESTA VEZ sentiu um desconforto e resolveu não ir. Para justificar sua decisão, disse para a amiga que te convidou: "Ah, estou com medo de ir pois sou nova de carta". Só que essa amiga também se habilitou há pouco tempo e te garante que não tem muito movimento e que você pode ir tranquila. Então você percebe que aquela sensação incômoda continua. Daí você vai olhar a previsão do tempo, verifica que vai chover e decide: "Ah, mas vai chover".

Ou seja: você está buscando uma resposta que justifique a sua decisão. Note que a escolha internamente está tomada, e você não consegue explicar POR QUAL MOTIVO não está se sentindo confortável em ir.

Muita gente se refere a essa sensação como "não sei explicar, mas algo me diz que...". Esse "algo me diz" é um direcionamento que vem de dentro, gritando para ser ouvido, é a impressão do Espírito Santo, logo não é algo que diz e sim alguém quem diz!

Quanto mais entender o que e como sente internamente, mais você vai entender o que está sendo dito. Quando comecei a tomar decisões que impactariam minha vida de verdade, eu não tinha todo esse indumentário de ferramentas que tenho hoje para poder traduzir o que sentia e intuía. O Marquinhos não sabia.

O que eu quero que você saiba é que o processo de escolha tem seu caminho "intuitivo". Daí a importância de entender como é a sensação de algo que é muito acertado na vida. Sinta, perceba. Pense nela como um guia que te mostrará o caminho.

Quando a gente consegue entender essa sensação, bingo! As escolhas começam a ser mais assertivas.

Voltemos ao exemplo do avião... Minha mãe, desde que eu me lembro por gente, tinha medo de avião. Ela até já havia voado, mas não gostava, e era sempre um tremendo sofrimento, muitas vezes desde dias antes do voo. Já meu pai não tem esse medo e adora viajar, só que gostaria de ter o prazer de "mostrar o mundo" para minha mãe, que tinha medo. Certa vez, indo para Buenos Aires, depois de uma reviravolta, fui acompanhar minha mãe, que estava indo encontrar meu pai lá. Durante o voo fomos conversando, fui colhendo informações sobre o medo e de forma intuitiva fui buscando ajudar minha mãe a passar por aquela viagem. Eu ainda não era profissional de desenvolvimento humano, mas sempre esteve em mim esse chamado.

Depois disso ela recebeu um convite do meu irmão para irem a Nova York, e de pronto recusou pelo medo. A demonstração de desapontamento do filho, a possibilidade de conhecer o mundo com o marido, foram construindo a vitória dela sobre o seu medo. Minha mãe, de maneira inconsciente, já havia resolvido: escolheu o amor! Assim ela se libertou do medo e ganhou "rodinhas nos pés", indo finalmente, depois de uma vida dedicada à família, conhecer o mundo com meu pai. Ela escolheu viver em vez de ser refém do próprio medo.

Costumo dizer que, quanto mais alinhados estamos com a nossa identidade, mais acertamos, embora, muitas vezes, menos consigamos justificar o resultado de nossas escolhas. Na maioria das oportunidades, nem precisamos justificar nada para ninguém, afinal temos uma certeza interna que nos diz que aquele caminho é o certo. O caminho que ESCOLHEMOS para nós.

Assim que entendemos o poder das escolhas que nos impulsionam na direção de quem realmente somos, a vida fica mais alinhada. Como se um caminho novo se abrisse — rumo ao que Deus diz que somos e não ao que os outros querem que sejamos.

Só que processos de escolha acontecem o tempo todo, e a nossa mente interfere muito. É no meio do dia, na reunião, que a decisão precisa ser tomada. É quando alguém te liga, naquela manhã ociosa. Você *precisa* escolher. E às vezes não dá tempo de parar ou abafar o ruído externo que nos impede de ouvir nosso "instinto".

Conheço pessoas que lutaram a vida toda contra essa voz. Pessoas que só sabiam escolher entre duas opções com base em dados factíveis e reais, ignorando completamente as emoções envolvidas no processo. São essas pessoas que escolhem racionalmente apenas e depois se sentem deprimidas e frustradas com a vida, como se estivessem sempre rodando em círculos.

Quando conheci a Carla, eu sabia que a gente ia se casar. Não colocava os questionamentos mundanos e comuns quase que obrigatórios diante de mim, porque não havia sombra de dúvida. Não naquele momento.

Eu não parei para pensar que os meninos não eram meus filhos de sangue, que a gente se conhecia fazia pouco tempo, ou qualquer outra historinha. Eu estava seguindo meu coração como nunca. E, quanto mais conectados estamos, mais assertivo fica o processo de escolha, pois a intuição fica ainda mais latente e finalmente temos a impressão do Espírito Santo em nosso coração. Gosto de chamar esse estado de conexão de *FLOW*, palavra em inglês que significa fluxo. Sabe quando estamos megacompenetrados, fazendo algo muito bem e nos sentindo melhores ainda? Então: estamos em *flow*.

A vida sempre vai despejar em cima da gente uma série de desculpas prontas para não fazermos aquilo que nosso coração manda. E aqui me sinto no direito de usar a expressão "o que o coração aponta", e te digo mais: as melhores escolhas são feitas alinhadas à essa impressão de que tanto falo.

Conheço uma excelente profissional muito conceituada no mercado de trabalho. A vida dela se resume a trabalhar e ir para casa dormir. Muitas vezes não se encontra com os filhos. Vive a reclamar do estilo de vida, do trânsito, do sedentarismo, da chuva, do ritmo de trabalho e do estresse que a está deixando praticamente sem cabelo.

Pois bem: seu marido recebeu uma interessante proposta de trabalho numa cidade de praia pela qual ela sempre foi apaixonada. Eles passaram alguns dias na cidade e ela, de cara, se maravilhou com tudo aquilo. Ficava imaginando como seria passar as tardes com os filhos na praia, respirando ar puro, trabalhando em outra coisa que exigisse um ritmo que respeitasse sua vida. E, enquanto me contava sobre a possibilidade de se mudar, seus olhos brilhavam. A mulher efetivamente estava emocionada, vivendo aquela nova vida como uma possibilidade de recomeço.

No entanto, depois de contar aquilo tudo, ela decretou:

— Mas a vida não é feita de sonho. Não posso largar minha carreira para ficar lá. Nem sei se isso daria certo. — Seu rosto murchou, numa expressão de conformismo amargo.

É assim que nascem as piores doenças: aquelas que começam na alma e depois despedaçam o corpo, pouquinho a pouquinho. Com as escolhas que seguem para a direção contrária àquilo que nossos desejos de alma apontam. Ou melhor: quando sabemos o que nos faz bem, e ignoramos a possibilidade de ter uma vida que nos proporcione aquilo.

Viver é uma arte, já sabemos disso. E exige autoconfiança e coragem para efetivar as escolhas. No entanto, também sabemos que muitos de nós ficamos nos perguntando a todo momento: como validar se a escolha está certa ou não?

Já vi pessoas inseguras ao escolher uma vez que não sabiam vender a própria decisão. A pessoa estava certa do que queria e do que não queria, só não conseguia justificar aquilo. Outras, mais autoconfiantes que logravam justificar, davam um salto de fé. Acreditavam que tinham feito a melhor escolha e apostavam nela com coragem.

Você pode entender isso de várias maneiras. Por exemplo: fazendo um caminho visual. Pode ir imaginando mentalmente as duas cenas que poderia seguir. Qual dos caminhos faz você passar por cima de menos valores? Qual é mais congruente com seus valores?

A VIDA VAI TE COBRAR CASO VOCÊ NÃO SIGA ALINHADO AOS SEUS VALORES. SIM, ELA TE COBRA, E O PREÇO É BEM CARO.

Tem a ver com valores. Não quaisquer valores, e sim os seus. A verdade é um dos meus valores mais altos. Você sabe quais valores norteiam a sua vida? Sabe mesmo? Vamos identificá-los juntos, mas, antes, o que são valores?

São os princípios que norteiam o nosso caráter, e dão sustentabilidade às nossas escolhas, desde que não os profanemos. São as "emoções-fim" que buscamos, o amor, por exemplo. Temos valores que nos fazem bem e migramos em direção a eles. Eu os chamo de valores heróis. Heróis, pois são pautados nos princípios da ética e da moral e nos auxiliam a solucionar momentos críticos. Há também aquelas sensações das quais nos escondemos a todo custo, sem saber aonde nos levará. Eu as chamo de valores anti-heróis. São aqueles que não carregam a virtude tradicional dos heróis e nos levam a praticar atos moralmente questionáveis. Ter ciência de quais são os valores que carregamos conosco nos ajuda a entender como somos, e sabendo como somos naturalmente vamos escolhendo de forma mais alinhada com nossa essência.

O problema é que muitas vezes não sabemos identificar nossos valores. Façamos o seguinte: pegue aí um papel e uma caneta e divida a folha no meio. De um lado escreva "herói" e na outra metade escreva "anti-herói". No primeiro escreva todas as palavras que representam valor para você; deixe vir, não tenha medo de escrever e nem se preocupe em querer caber no julgamento de ninguém: são SEUS valores.

Depois perceba quais são de fato valores, verificando que talvez alguns deles sejam apenas a forma para chegar ao outro que realmente importa, são apenas o meio de transporte para o destino. Elenque os valores heróis que são definitivos para você e risque os que são apenas o veículo para tanto. Agora que já fez, deixe apenas cinco deles e escreva cada um em um post-it. Cole todos na folha e vá retirando os que você acredita que tenham menos importância na sua vida. Um a um, retire por ordem de importância, deixando o mais importante, aquele que você tem real dificuldade em retirar da folha, por último. Esse ato de retirar o seu valor do papel pode ser muito profundo quando você se permitir. Perceba, compare a importância deles na sua vida por meio do que sente quando retira cada um. Assim você terá uma hierarquia dos seus valores.

Agora faça o mesmo com os anti-heróis e descubra do que você realmente quer se afastar, o que você carrega consigo. Compare os lados e se estude, ouse ir fundo no autoconhecer. Certamente você vai começar a notar seus heróis embutidos nas suas melhores decisões e a ausência dele e/ou a presença do anti-herói nas que foram mais duvidosas. É outro parâmetro para lhe ajudar no processo de escolhas.

Importante ressaltar aqui que anti-herói não é o mesmo que vilão, embora eles até possam se parecer em alguns momentos. Há traços de vilania no anti-herói, contudo sua essência é diferente. O vilão é ruim, está a serviço do mal. O anti-herói, por sua vez, retrata uma dura realidade, os momentos bons e os mais difíceis, a luz e a sombra, os conflitos internos. Daí surgem as escolhas que muitas vezes são questionáveis, polêmicas, dúbias e frequentemente de difícil aceitação por quem as toma.

Quando eu estava nos Estados Unidos, tive a oportunidade de ficar lá, e realizar outro sonho: morar fora do Brasil. Contudo era de forma ilegal, ou seja, sem o visto adequado e toda a documentação que esse ato requer... Eu tinha ali a faca e o queijo na mão, mas veio o questionamento: "Como vou explicar isso no futuro para meus filhos? Que exemplo estou dando a eles ao cogitar essa hipótese?". Ficar nos Estados Unidos ilegalmente feria meus heróis, e eu não teria como explicar aquela escolha. Não havia nem por que fazer aquela escolha, mesmo sendo um sonho que permaneceria inalcançado. Aquele preço eu não estava disposto a pagar.

Então, é sempre bom levar em conta a pergunta: "Onde vai voar estilhaço? Quem vai se machucar com isso?". E isso é diferente de pagar uma duplicata emocional que não é sua. Diferente de poupar um terceiro — se deixando de lado para não magoar alguém.

Muitas escolhas acabam parecendo irresponsáveis aos olhos dos outros, e é como conviver com um espeto nas suas costas e ter que se acostumar com aquilo. Quando eu batia cartão, me deparei com o impasse: seguir adiante na escolha mais condizente com meu sonho ou sacrificar minha essência pela ilusória noção de segurança? "Você está além do teu limite", me dizia o pessoal de casa. Eu estava sobrevivendo e ferindo meu valor de contribuição.

Por mais que eu fizesse com excelência meu trabalho, o ingrediente alegria estava aquém e distante. Quando me demiti, as cores voltaram a brilhar, como se o sopro da vida ganhasse força dentro de mim. De repente eu saio e deixo de ser um prisioneiro para voltar a respirar.

A questão é que muitas vezes podemos antecipar essa sensação se fizermos um trailer do que está por vir, fazendo as imagens surgirem em nossa mente e entendendo como nos sentimos em relação a elas.

Quando cursava Direito, tive um professor que era um ícone jurídico, e ele carrega toda a minha admiração por tudo que já realizou e principalmente pela consciência que teve ao entender que talvez, e apenas talvez, não tenha tomado a melhor decisão ou feito a melhor escolha. Ele tinha um posto muito alto e respeitado no judiciário, foi galgando muitas posições pelo excelente trabalho que sempre fez. E ele conta que, em certo momento da vida e da carreira, ia quase todas as madrugadas para um local, onde viciados em drogas ficavam reunidos, fazer seu trabalho, visando ajudar cada pessoa que estava ali vivendo em aflição e em condições sub-humanas. Mas, no final, ele concluiu que também teve seu preço a ser pago: a família.

— Será que fiz a melhor escolha ao cuidar dos outros e negligenciar, de certa forma, minha vida e minha família?

Uma reflexão que mexeu comigo. Mexe ainda. Depois de ouvir isso, eu fazia todos os dias a mesma pergunta: "Qual preço você tá pagando, Marcos?". Como escolher entre nossos papéis? Percebi o que vinha fazendo, o que eu estava deixando passar... Então consultei meus bons e velhos valores heróis e escolhi respeitando todo o sentir do meu corpo. Se cabe um conselho que guardei naquele momento:

ABRA MÃO DE SUBIR UM DEGRAU DA PROSPERIDADE PROFISSIONAL SE O PREÇO FOR PERDER UM PASSO DA INFÂNCIA DO SEU FILHO.

Muitas vezes contamos histórias para nós mesmos para justificar a dor de não escolhermos pela mudança que nos favorecerá. Um amigo conta que na situação mais difícil da sua vida, postergou uma decisão e forçou um posicionamento com medo de magoar sua família. Por muito tempo negligenciou a si mesmo e a própria felicidade, acreditando estar fazendo o melhor para eles. O preço era muito alto e, ao não aguentar mais aquela situação, se abriu com a família, foi acolhido e sentiu o que descreve como "a melhor sensação do mundo".

— Eu teria um câncer se tivesse continuado — ele confidenciou. — Você não sabe o que não é ser você.

Nesse momento, olhei para meu amigo e pensei: "Só que infelizmente eu sei". Ninguém deveria saber. E o pior é que já sabemos o preço que pagamos quando não somos nós mesmos, não é mesmo? "Cadê a pessoa que eu era? Onde ela foi parar?". Essa é uma dor profunda. E quem eu era efetivamente? A primeira resposta que veio à minha cabeça foi: eu não sei, e nem sei se um dia soube... Eu estava confuso entre os papéis que escolhi prestar para tentar caber em algum lugar, sobre quem eu achava que deveria ser e quem eu era na essência. "Essência... talvez seja esse o caminho", pensei com meus botões.

Quando mergulhamos fundo dentro de nós mesmos, caímos nas águas da essência, e lá nos banhamos de uma irrefutável verdade que nos desperta desse transe que vai nos revestindo em camadas superficiais e nos afastando do que realmente somos.

Em queda livre, para dentro de mim, tive medo. Medo de não caber sequer em mim, de ser pequeno demais para preencher aquele vazio que carregava. O Marquinhos do passado gritava para sair daquela prisão do "ter que parecer"; queria apenas ser. Ser diferente, gostar de música clássica, admirar os olhos de uma mulher, me conectar com as pessoas livre de julgamentos. Eu queria apenas viver sem medo de não ser o bastante.

Olhando para trás, posso notar que a maior parte da vida eu me escondi. Querendo agradar, buscando pertencimento. Contudo, ao escrever este relato, inevitavelmente, volto a minha história, e, depois de colecionar tantas ferramentas, desenvolvimento e experiências, percebo que, talvez acima de todo o dito acima, eu tinha medo. E eu nunca havia me dado conta de tal medo ou sequer medo de que eu sentia. Hoje percebo: medo de não estar à altura para a missão da minha vida: servir. Meus erros recorrentes, meus acessos de raiva, meu ego, minha intolerância, principalmente comigo mesmo. Isso tudo ficava sempre no caminho do servir.

Tornar-se uma pessoa melhor não é tarefa que a gente faz, entrega e espera a nota. Não, não. É um hábito, é todo dia, é sempre, é agora.

Quando sabemos quem somos, não mais nos é permitido nos enganarmos com fábulas para ludibriar nossa essência.

Muitas pessoas mantêm uma vida mediana porque nem sabem quem são, nem quais os planos e promessas de Deus sobre elas. Não conseguem notar que algo está errado. É o caso de quem acredita numa mentira por tempo demais.

Só que cada vez é maior o número de pessoas que vivem num baile de máscaras, comprando mentiras e vivendo uma vida que não estão a fim de viver. E, por mais voltas que dermos neste capítulo, vamos concluir com a mesma frase: a melhor escolha é aquela que te faz feliz.

As pessoas que não tiveram coragem de tomar a decisão de assumir quem são talvez critiquem, talvez invejem a sua atitude, muitas vezes nem conseguem entender. Já as que tiveram sempre irão admirá-la.

Quando fui contar ao meu ex-chefe, a quem admiro muito, um grande advogado e um gestor humano excelente, que ia deixar o mercado corporativo, ele ficou em silêncio por uns instantes e finalmente disse:

— Gostaria de te dizer para repensar. Você tem quatro filhos e tudo mais... Mas não vou dizer. O que tenho para te dizer é: boa sorte! Esse mundo para o qual está migrando é a sua cara. Vejo isso em você e digo mais: admiro a sua coragem. Eu não teria essa coragem.

Muita gente sofre e não consegue sair desse modelo. Sentem como se não houvesse uma escolha. E mais uma vez: você fica na prisão que se coloca. Não adianta reclamar do preço que paga pelas suas escolhas.

As pessoas têm medo de escolher. Quando você escolhe algo que ninguém escolheu, vai contra a programação cerebral que é pertencer a um grupo. E as pessoas querem pertencer.

A que grupo você escolhe pertencer? Ao grupo daqueles que são fiéis a si mesmos ou ao grupo daqueles que esquecem das próprias convicções e sonhos para viver a vida que todo mundo vive?

E como fazer as melhores escolhas?

Inicie buscando qual o objetivo para aquela tomada de decisão. Avalie qual a intenção daquele ato. Na PNL há um pressuposto que diz que há uma intenção positiva em todos os comportamentos humanos, e diagnosticá-la seguramente vai clarear o objetivo.

Agora você já definiu seus valores heróis e anti-heróis, correto? Chegou a hora de consultá-los. Reflita sobre qual valor pauta a escolha que está prestes a fazer. Estar de acordo com seus valores heróis é um grande indício que, no mínimo, não é uma decisão péssima, que fere sua ética. Respeitar seu valor e se autorrespeitar é agir de forma congruente com sua essência.

Posto isso, vamos lá. Pegue outro papel e faça uma lista de pontos positivos de determinada escolha, e também faça uma lista dos pontos negativos. Quantifique, veja para que lado a balança está acusando o maior peso. Assim você terá mais subsídios para entender as perdas e ganhos da escolha.

Outra coisa que quero esclarecer com você: não há necessidade de andar com um bloco de papel e caneta para cima e para baixo para os ter em mãos a cada escolha que faz no dia a dia, ok? Aqui estou te mostrando uma maneira de entender como você funciona, e, ao fazer esse exercício uma, duas, três vezes, já vai iniciando uma rotina e condicionando seu cérebro a fazer esse processo de escolha de forma apenas mental e não mais mecânica conforme o proposto. Aqui estamos construindo esse aprendizado, esse novo hábito.

Importante não se prender a uma única opção. Permita-se conhecer outros pontos de vista e diversos caminhos. Saia da caixinha do certo ou errado; há uma infinidade de possibilidades entre eles e depois deles também.

E não tenha pressa, principalmente caso se trate de uma escolha a longo prazo. Analise com cuidado, construa sua escolha para poder decidir de forma consistente.

Ao final, faça uma reflexão: quais motivos me levaram a fazer essa escolha? Que sentimento isso me trouxe? E aí se faça a pergunta que vai te ajudar a entender o como você faz suas escolhas: quais passos te levaram à definição da escolha?

Uma vez mais trago aqui a importância de se autoconhecer e de ter atenção aos detalhes. Mapeie suas escolhas e entenda como você funciona.

Atenção aos sinais!

"Desperta."

Aquele sussurro se tornou uma voz que eu ouvia em todos os lugares. Entrei no quarto do meu filho e percebi que ele estava dormindo. De onde vinha aquele som?

"Desperta."

Eu precisava silenciar. Minha mente estava fazendo barulho e eu já não conseguia identificar os sinais que apareciam diante de mim.

Fechei os olhos e uma imagem surgiu em minha mente.

Não era possível!

Ou será que eu não queria acreditar?

SINAIS

Era um sinal. E, naquele instante, parecia o primeiro dominó que caía, derrubando todos os outros. A vida tinha me preparado desde que eu nasci para aquilo.

— Infelizmente não podemos fazer a sua entrega.

Eu ouvia o que parecia ser uma discussão no viva-voz do telefone. Minha esposa estava muito brava. E não era pelo simples fato de que a entrega não seria feita. Ela é daquelas pessoas que dificilmente saem do sério. Só que aquela ligação em específico me chamava a atenção.

— Mas é só uma toalha. Por que não podem entregar uma toalha? — ela bradava, indignada.

Fazia alguns dias que tínhamos escolhido uma toalha de piquenique pela internet. Só que não era uma simples toalha de piquenique. Era aquela, vermelha quadriculada, linda. Tinha uma representação, sabe? Era a visão da família sempre reunida, de preferência fazendo um piquenique. Tinha a ver com amor e união.

Da última vez que tínhamos feito um piquenique, rolou aquela improvisação com uma canga de praia. Faltou a tal toalha. As crianças comentaram sobre o piquenique perfeito, como deveria ser e tudo mais, e ela estava lá: a toalha xadrez vermelha. Era muito mais que um acessório; era o que daria ainda mais cor e vida àquela reunião familiar.

Só que parecia que algo havia saído errado. Depois da compra efetuada, a toalha não chegava; o prazo, repetidas vezes, vencido. Ao entrar em contato com o serviço de entrega, veio a bomba: não dava para entregar em casa. Segundo eles, o CEP era de um local de risco.

— Quem vai roubar uma toalha? — minha esposa repetia enquanto a atendente dizia que era uma norma da empresa. Em CEPs identificados como área de risco, as entregas precisavam ser feitas com escolta, e aquilo fazia o valor triplicar.

— Realmente precisamos nos mudar daqui — ela me disse ao desligar o telefone.

Aquele parecia ser o estopim da nossa permanência no bairro. E a tal da escolta com o CEP tinha razão de ser. O local onde morávamos não era barra pesada, mas estava longe de ser um bairro seguro para criarmos nossos filhos. Na semana anterior nosso filho tinha sido roubado duas vezes. Numa, levaram seu celular na porta do prédio.

Seria uma justificativa para que mudássemos de casa? Eu entendia que o sinal ia muito além disso.

Desde a adolescência eu tinha o sonho de ter quatro filhos. Quando comecei a namorar, do dia para noite eu já tinha dois dos quatro filhos. Antes de a Malu chegar, tivemos um sinal em sonho enquanto ainda estávamos na fase de amizade colorida. Ela se viu grávida na cozinha com a minha mãe na casa dos meus pais, onde eu morava na época. Meses depois, já estávamos namorando e ela foi em casa. Assim que entrou ali, notou que era o lugar do sonho... Pasme, a mulher que ela sonhou era de fato a minha mãe, e ela percebeu que não era um sonho comum: era uma visão.

Não me espantava; era algo corriqueiro falar sobre sonhos, premonições, sinais, sincronicidades. Era parte da minha vida, e eram sinais levados em consideração na construção das escolhas — desde as mais simples até as mais impensáveis.

Enquanto rolava a irritação com a entrega da toalha de piquenique, lembrei de uma conversa de quando eu estava em Boston, estudando. Falávamos da saudade da nossa relação durante a gravidez da Malu. Tinha sido a partir daquela conversa que voltei a levantar a ideia:

— E por que não termos finalmente o quarto filho?

Esse sonho jamais abandonou meus pensamentos, contudo já tínhamos a realidade de três filhos...

Não era uma decisão fácil. E depois de eu muito persistir, concordamos em "deixar a vida agir".

— Se for a vontade de Deus, vai acontecer.

E você sabe o que geralmente acontece depois dessa frase, né? Pois bem: engravidamos. E a gravidez trouxe consigo uma urgência: não cabíamos mais ali. Naquele espaço não poderíamos criar quatro filhos com qualidade e segurança.

Foi assim que, de uma toalha de piquenique, veio a decisão da mudança. Aquela recusa da entrega da toalha nos trouxe a percepção de que já tínhamos escolhido sair dali, mas ainda não tínhamos tomado efetivamente a decisão. O sinal veio depois da escolha inconsciente, mas fez que tomássemos a decisão efetiva. É assim que muitas decisões acabam sendo tomadas para justificar uma escolha.

A toalha era o anúncio da chegada do João, que veio meses depois, completando o quadro de nossas vidas, sendo recebido numa casa onde poderia ser criado com alegria. Ela significava o que faltava e o que ainda estava sendo esperado para nosso sonho se realizar.

Para estar aberto aos sinais é necessário estar conectado às sensações. Mas poucos entendem que as sensações nos deixam pistas de como devemos agir. Há também as impressões que percebemos no coração.

Eu mesmo, quando entendo que o Espírito Santo está me direcionando, começo a ter uma sensação de palpitação no coração. Meu coração começa a palpitar diferente quando me conecto com alguma pessoa ou situação específica. E, quando nossas emoções se intensificam, focamos a nossa intenção e coisas acontecem.

Quem já participou de uma constelação familiar provavelmente está familiarizado com a sensação. Explicarei brevemente o que é isso.

Trata-se de uma prática terapêutica desenvolvida pelo estudioso alemão Bert Hellinger.* É um procedimento de represen-

---

* Ver www.hellinger.com.

tação gráfica em que as pessoas são colocadas no espaço representando membros da uma família, empresa ou produto, a fim de se fazer uma leitura de uma dinâmica de suas relações. Não tem nada de espiritual na prática, que serve para revelar antecedentes, e é muito útil em momentos decisórios. A constelação familiar é fundamentada nas ordens do amor descobertas pelo próprio Bert.

Quando assumimos o papel do familiar de quem está sendo constelado nosso corpo reage, palavras aparecem do nada na nossa boca, e não raro somos tomados por emoções muito fortes.

Muitos alunos já tiveram experiências e vivências de sinais que comprovaram o caminho por onde deveriam seguir. São momentos em que o mundo interior e o exterior se conectam, gerando uma experiência significativa e nos tornando aptos a tomar decisões mais conscientes: mesmo que a decisão seja confiar mais em si mesmo.

Só que, para que possamos nos beneficiar dos sinais, precisamos reconhecê-los como significativos e depois seguir as pistas para entender aonde eles nos levam. Nesse momento, as emoções nos dizem o que está condizente com o caminho que queremos tomar.

Se não ficamos atentos aos sinais que nos mostram a direção que devemos tomar em nossas vidas, começamos a fazer parte de uma massa que imagina controlar tudo ao redor e ignora que podemos ir mais longe. Muitos acidentes de percurso poderiam ser evitados se fôssemos fiéis a quem Deus nos escolheu para ser e ouvíssemos com atenção essa voz que fala com a nossa alma. Só que muitas vezes ficamos obcecados por encontrar respostas. É como se estivéssemos dando *reboot* na mente o tempo todo. Quando não encontramos o sinal, começamos a desacreditar. E aí o caminho começa a ficar turvo ao invés de ficar cada vez mais claro, e nos perdemos.

Por outra ótica, o sinal é a comunicação que o Espírito Santo coloca no seu coração. Uma direção superior que, quando você desiste de resistir, se aquieta, permite tal conexão e confia que vai chegar. É quando temos a impressão.

Já vi pessoas que sabiam diagnosticar o momento atual da vida, entendiam que escolhas precisavam ser feitas, mas não tinham coragem de ir adiante. A vida ia colocando sinais sutis em seus caminhos para que elas pudessem tomar uma atitude, mas elas teimavam em não os enxergar. Essas pessoas — e não estou citando apenas um caso específico; são várias pessoas com episódios parecidos que fazem parte do meu convívio social — acabaram sendo vítimas de circunstâncias mais drásticas. Como se a vida tivesse dado alguns avisos, mas, ao serem ignorados, eles "gritam" de forma mais acintosa. E essas circunstâncias drásticas mudam de vez o percurso da vida das pessoas.

Quantas pessoas você conhece que não ressignificaram a vida depois de uma experiência de quase-morte? Ou mudaram a percepção das coisas depois da doença de um filho ou de uma situação que mudou os parâmetros das preocupações? Isso geralmente acontece quando ignoramos completamente que temos o poder de escolher o caminho que devemos tomar. Nossa essência clama por socorro o tempo todo: quando fazemos o que não gostamos, quando estamos indo por um caminho que não é o nosso. E a gente vai ignorando essa sensação. Não faz o diagnóstico do que está acontecendo e continua anestesiando dores e fingindo que está tudo bem.

QUANDO ANESTESIAMOS UM OU MAIS SENTIMENTOS QUE ENTENDEMOS COMO RUINS, ACABAMOS POR ANESTESIAR TODOS ELES E PERDEMOS DE VISTA NOSSO PROPÓSITO.

O sinal às vezes é uma confirmação/validação da escolha. Quando você consegue, de maneira mais fluida, captar o sinal, pode ser a revelação de que ali há uma escolha. E não pense que todas as decisões na minha vida foram fáceis. Pelo contrário. Eu precisei de vários sinais para me demitir do emprego que me fazia sentir em conflito com minha missão de vida e servir. E o primeiro sinal veio de uma forma inesperada.

Para que você entenda, preciso contar sobre um episódio que aconteceu quando eu tinha cerca de dezoito anos. Eu e meus amigos queríamos entrar numa baladinha e estava tudo certo, mas na hora não conseguimos, pois só entrava quem tinha nome na lista. Contudo, eu não desisti. No alto da minha arrogância, achei que conseguiria colocar todo mundo para dentro e fui conversar com o segurança. Usei minha capacidade de persuasão, chamei o gerente e consegui que entrássemos, de graça ainda por cima, e de quebra ficamos num camarote. Até comemos bolo com a aniversariante da noite, que nem conhecíamos. Tiramos foto e tudo mais.

Atualmente, condeno essa atitude, que considero deplorável. Imaturo, na época fiquei orgulhoso com o êxito, pois acreditava que precisava disso para fazer parte da turma. Por isso fiquei surpreso quando um deles, o Leandro, me puxou de canto e olhou fundo nos meus olhos:

— Cara, presta atenção... Você está desperdiçando seu talento. Você sabe como conhecer as pessoas, entender como elas pensam, se comunica como ninguém. Para de gastar energia fazendo a gente entrar de graça nos lugares, não desperdiça aqui. Faça disso a sua vida.

Aquele olhar, aquela conversa, fazia parte de um processo de despertar. Só entendi como um sinal de fato muitos anos depois, na noite em que conversava em casa sobre a decisão de sair da empresa. Ou seja, após muito tempo, curiosamente ou não, aquele olhar, seguido da frase do Leandro, deu um jeito de aparecer no "retroprojetor" da minha mente, me lembrando do meu talento em entender pessoas. Tinha sido de fato um sinal, e me mostrava para onde deveria ir.

E, naquele instante, parecia a primeira peça de dominó que caía, derrubando todas as outras, e abria um monte de sinais de que eu não tinha dado conta. A vida tinha me preparado desde que eu nasci para ser um comunicador. E era apenas o começo, naquele instante que eu parecia ter desvendado os sinais, ainda assim eu não tinha a visão do todo. Não tenho até hoje, afinal Deus vai nos revelando o caminho na medida que caminhamos.

Naquele momento eu percebi que, às vezes, uma única e dramática experiência é tudo de que precisamos para sermos despertados para a beleza da vida que paira o tempo todo ao nosso redor.

A definição de sincronicidade é a união de acontecimentos internos e externos de uma maneira que não pode ser explicada pela causa e efeito, mas que é significativa para o observador. Você pode estar fazendo pesquisas sobre algo e de repente aquilo salta aos seus olhos o tempo todo, passa a ter sonhos com acontecimentos, pressentimentos que fazem você mudar de trajeto no caminho para casa, e subitamente se vê vivendo uma vida de sincronicidades assim que começa a despertar para os sinais, assim que percebe o direcionamento do Espírito.

Sempre teremos os sinais nos dizendo para onde podemos ir, e o fato de não percebermos o sinal não significa que ele não veio. Decifrar a mensagem costuma ser a parte mais complexa dessa experiência. "O que o Deus está tentando me dizer?" Aposto que você já fez a si mesmo essa pergunta. Carl Jung, o pai da psicologia analítica, nos ajuda a entender isso. Em sua biografia, percebemos que ele usava seus mitos pessoais como ponto de partida para formular suas verdades. E é aí que começamos a entender um pouco de como os sinais chegam até nós.

Jung explica que o inconsciente coletivo é uma espécie de DNA da raça humana, e ele contém imagens chamadas arquétipos, que são experiências comuns aos seres humanos. Os sinais nos empurram a reconhecer certas situações.

É como se de repente o sinal tornasse visível aquilo que estamos tentando entender. E, como a probabilidade daquilo que se dispara diante de nós é mínima, nos deixa ainda mais surpresos.

Há sinais para todos, mas só a minoria está pronta para identificá-los.

Lembro que, em um curso, um aluno, um *gentleman*, saía da sala depois de muito tossir... Já lá pelo terceiro ou quarto dia, quando ele novamente saiu tossindo, eu o acompanhei com os olhos e prontamente sua esposa, que também era aluna, antecipou-se dizendo para não me preocupar, pois ele era assim mesmo, tossia, tossia e precisava vomitar para aliviar. Então ficava novo em folha. Desde muito criança era assim, cada vez que se sentia pressionado a tosse aparecia, e já havia passado por exames e o resultado era o mesmo: "Você não tem nada".

No decorrer do curso, essa história martelava na minha cabeça. Então, no último dia, teríamos uma dinâmica que poderia ajudá-lo, por isso eu o escolhi para que eu pudesse demonstrar a técnica a ser aprendida. Eu sabia que poderia mostrar um caminho para o aluno se ajudar. Assim que começamos, as tosses começaram junto. Ao caminharmos pela sua história, chegamos, por meio do que ele sentia, ao momento gatilho daquele padrão, o ponto onde tudo se instalou, o começo. Ali estava aquilo com que o homem precisava lidar... era a primeira vez. Todas as outras era a vida lhe dando sinais e outra oportunidade de dar um novo significado para a própria história; ele apenas não sabia. Foi então que o aluno decidiu ficar frente a frente com aquela situação perturbadora da sua infância e finalmente colocou para fora o que precisava colocar. Foi um momento incrível; ele havia escolhido deixar de ser refém das próprias feridas. Isso ocorreu há mais de três anos. Falei com esse aluno outro dia e ele me confidenciou: nunca mais voltara a vomitar.

Ah, os alunos... são meus melhores professores e grandes mestres.

Esse, em especial, tornou-se um amigo querido. Quando conversamos, ele comentou que em cinco minutos tínhamos feito o que cinco anos de terapia não tinham dado conta. Expliquei ao meu aluno que não é o outro que arranca nosso espinho. É a gente que deixa o outro arrancar. Talvez, esses cinco anos de terapia o tenham preparado para o momento em que ele finalmente resolveu ter seu espinho arrancado. São ferramentas que vamos acumulando ao longo da jornada, sempre no intuito de somar. Conhecimento jamais é perdido, principalmente sobre nós mesmos.

Só que às vezes estamos tão presos em padrões que não conseguimos evoluir nem reconhecer a nós mesmos. Uma pessoa que sente um mal-estar físico quando toca em questões problemáticas e não consegue refletir sobre elas não está evoluindo.

Quando entra em contrariedade, seu corpo dá sinais. Ele grita com você de tal forma que é impossível ignorar. Às vezes é um sinal de desconforto que acarreta uma ânsia de vômito, como era o caso dele, mas pode vir algo ainda mais grave, porque o corpo começa a dar sinais de que algo não vai bem.

Tendemos a ignorar os sinais do corpo, e eles também nos dão pistas de que algo está nos fazendo mal. Um mal-estar no estômago pode nos mostrar quantos sapos andamos engolindo, e até mesmo a formação de algo mais grave pode estar relacionada à maneira como estamos fugindo das escolhas e decisões que precisamos tomar diante da vida. São muitas as chamadas doenças psicossomáticas.

Nos seminários eu sempre digo: aproveite tudo que acontece para aprender.

Certa vez, uma aluna queria trabalhar o autoritarismo dela em determinado exercício. Ocorre que no meio da dinâmica ela disse que estava sentindo uma estranha dor no ventre, e eu prontamente disse: foca essa dor, deixar doer e entenda o que o seu corpo está falando para você. E assim ela o fez. Essa dor levou-a a dar um novo significado para uma até então suposta rejeição percebida por ela ainda feto, que desconhecia mas respondia muitas de suas dúvidas e explicava suas sensações.

Ela no amor, se sentiu bem e posteriormente foi conversar com sua mãe para entender se fazia algum sentido. E não é que fazia? Ali ela ressignificou a relação com a mãe e tirou um peso que carregava.

Manter-se focado em seu propósito é uma arte! Seja sensível em ouvir Deus, isso pavimentará seu destino. Aprenda a confiar no que Ele vai te mostrando.

Só que, nesse roteiro, você precisa crer para ver. E, quando acredita, começa a encontrar sinais, e não o contrário. Às vezes, é um gatilho que te faz lembrar de um momento específico. A partir da compreensão de um sinal, passa a mapear os outros.

Costumo dizer que você começa a encontrar os sinais quando o som ensurdecedor do silêncio permeia a sua vida. No momento em que você silencia, passa a encontrar o barulho do mundo, e a primeira coisa é saber qual sinal está buscando. Para onde você está querendo ir?

Ao entrar em estado de permissão e vasculharmos nossa história, nos damos a possibilidade de encontrar significados e soluções nos momentos mais simples, como o abrir de um refrigerante, escondido na despensa de casa, quando era criança, e todo o aprendizado que essa lembrança elucidou na vida da minha querida irmã de coração.

Qual a bifurcação que a vida te levou para que você precisasse de um sinal? Qual o sinal que precisa para corroborar com determinada escolha?

O sinal vem depois da escolha e corrobora com a justificativa da decisão. Não simplesmente um ecoar de faça isso ou faça aquilo. É mais uma confirmação. O sinal testifica aquilo que em nosso coração já nos fora revelado.

Às vezes eles simplesmente nos mostram que não temos controle sobre a vida e que precisamos confiar mais, aumentar nossa fé. Como foi o caso de quando eu era jovem e tinha uma ex-namorada que morava em Curitiba. Eu ia nos finais de semana visitá-la e certo dia a condução que peguei para chegar na rodoviária adiantou-se. Talvez desse tempo de viajar no horário anterior ao que eu tinha costume. Pois bem, corri na expectativa de conseguir comprar a passagem para o ônibus que saía mais cedo, cheguei na fila e havia uma senhora na minha frente, atrapalhada procurando algo na bolsa, que acabou cedendo o lugar dela para que eu comprasse a passagem. O rapaz do guichê ainda recomendou:

— Corre, garoto, se não vai perder o busão.

Ao correr para o embarque, ainda pude ouvir aquela senhora reclamando que não havia mais lugar no ônibus. Eu havia pego o último, que era para ser dela.

Naquele momento, aquela sucessão de eventos me fez estar numa determinada poltrona num determinado ônibus diferente do que era o que eu normalmente estaria. Quando cheguei, liguei o celular e notei que recebi ligações e sms de meus familiares e amigos querendo saber se eu tinha chegado bem. O ônibus no qual eu deveria estar havia sofrido um acidente e algumas pessoas haviam morrido.

Mas, Marcos, que tipo de sinal você identifica neste caso?

Em primeiro lugar, eu vejo isso como um sinal de que sou extremamente abençoado! É como se Deus dissesse: "Presta atenção, menino, conto com você ali na frente. Não vacila. Começa a se dar valor. Se não se der valor, nada vai ter valor para você. Se aceita, sai da sua insegurança, confia mais em Mim".

Digo isso porque estamos cada vez mais distraídos e, se não despertarmos, vamos esquecendo de olhar e acreditar em milagres e maravilhas. E os milagres acontecem o tempo todo, muitas vezes na forma de sinais. Eles nos dão pistas de que estamos no caminho certo, de que existem estradas que não sabemos aonde vão nos levar e de que não podemos controlar a vida. Tudo depende e está nas mãos de Deus.

Só que temos a possibilidade de escolher o que achamos que é melhor para nós (e geralmente erramos!). E, embora o melhor para você não seja exatamente o que as pessoas esperam que seja, é da coragem de enfrentar todo tipo de julgamento e ser quem você é de verdade que vem o caminho que está mais alinhado com a sua missão de vida. Só nos colocamos no centro da vontade de Deus quando conhecemos nossa identidade.

Às vezes é preciso fazer uma escolha que vai na contramão de tudo que todas as pessoas que amamos acreditam ser o melhor para nós. E ninguém vai entender nossa decisão, mas em algum momento um sinal nos dará a pista de que estamos no caminho certo.

É verdade que nem todas as trajetórias são iguais. A minha jornada como treinador não é melhor nem pior do que a de outro treinador — apenas diferente. Cada pessoa passa por seus próprios desafios e circunstâncias. No meu caso, quanto mais me conheço, quanto mais percebo que as escolhas que fiz definiram quem sou, mais entendo o poder de cada decisão única. O poder de enfrentar um recomeço e depois outro — e lidar com minha própria insegurança ao pensar em como serei lembrado pelos meus filhos. Serei de fato lembrado por eles? Quanto mais me conheço, mas entendo as escolhas que fiz ao permitir que o aprendizado sobre mim mesmo acontecesse. Ao mergulhar fundo nos meus próprios dramas e traumas, pude me conhecer vulnerável e, a partir dali, emergir mais forte, com mais bagagem para auxiliar as pessoas que cruzassem meu caminho.

Devemos sempre arcar com as consequências das nossas atitudes. As minhas escolhas, muitas vezes, iam na contramão do que as pessoas acreditavam ser o certo. Só que quem arcava com as consequências era eu — e não elas.

Os sinais foram me dando pistas de que eu estava seguindo o que era melhor para mim, que eu estava no centro da vontade de Deus. Geralmente a vontade dEle é diferente da nossa! Logo não se furte de passar um período de aprendizado que traga uma dor qualquer para que você possa superar alguns medos.

O Espírito Santo sempre se comunicou comigo, mesmo numa época em que eu ignorava esse fato. Talvez fosse apenas para testar se eu estava preparado para apostar tudo sem uma única garantia.

A verdade é que não estamos preparados, pois nem sequer percebemos que a palavra do Senhor é a única e verdadeira garantia da qual precisamos.

Parece que a vida não traz certeza de nada. Contudo, tudo coopera quando estamos sendo fiéis à vontade de Deus para nós, como se a existência toda desses saltos de alegria com a nossa coragem de dar passos no escuro.

Só que nem sempre temos a coragem necessária para agir diante da escuridão.

Certa vez eu estava diante de uma oportunidade dos sonhos, tinha o condão de mudar a minha vida e a da minha família. Porém, nos dias que antecederam o tal acontecimento eu comecei a sentir o estômago embrulhado, sabia que algo estava errado. Parecia até ingratidão eu me sentir assim. Parecia certo, tinha cara de certo, tinha potencial para dar certo. Seria apenas o meu medo de dar certo? Decidi aproveitar a oportunidade mesmo negligenciando minha impressão. Nem preciso te dizer o desfecho, acho que a essa altura você já diagnosticou, não? É, amigos, deu ruim! Foi um aprendizado duro, confesso. Sobretudo uma oportunidade de lidar com meu autojulgamento e culpa, afinal eu tive o sinal, a "intuição" veio como uma bomba e EU escolhi ignorar. Um tapa na minha cara por não confiar. E eu adoraria dizer que aprendi a lição e que essa foi a última vez. Não sei se devo. Somos falíveis, e, mesmo dominando as técnicas e ferramentas, o aprendizado não para. E nem deve parar. Até o momento em que escrevia este parágrafo eu não negligenciei as impressões que tive novamente. Espero que siga assim.

Muitas vezes damos passos cambaleantes e não sabemos seguir nem identificar os sinais. Ora somos buscadores, ora somos antenas. E nem sempre o radar está funcionando.

Todos nós nascemos com um dispositivo capaz de saber quando as coisas devem caminhar para um lado ou para o outro. Nem sempre esses sinais funcionam como um semáforo vermelho diante de nós, que nos manda parar, ou um verde, que nos manda ir em frente.

A interpretação dos sinais não vem dentro de um manual, como num carro. Mas tem como saber o caminho. Sempre tem. E eu digo isso com conhecimento de causa. Nunca tive o manual dos sinais, mas, quando as fichas foram caindo, percebi que na maioria das vezes a vida é uma reprise. Não estamos assistindo a um filme novo. É o mesmo filme. Só que muda a qualidade.

Enquanto escrevia este livro, minha filha Malu adoeceu novamente. Era uma cena que estava resolvida na minha vida. Um trauma esquecido. Que eu acreditava ter sido superado. De repente, lá estávamos nós, medindo a saturação dela no mesmo hospital.

Naquele instante meu corpo congelou. Eu vi que não tinha aprendido a lição. E pedi perdão. Perdão por estar deixando a vida repetir padrões para me fazer entender histórias que eu já deveria ter entendido. Perdão por não confiar no que Deus tem preparado para mim.

Naquele dia eu relembrei a história do Woody, do *Toy Story*. Um brinquedo que faz parte de uma família de brinquedos e faz de tudo para alegrar a criança que é sua dona. Spoilers à parte, na cena final do quarto filme, ele escolhe perceber os sinais e aprender uma lição: ele passa a estrela de xerife para sua amiga Jessie e diz:

— Agora é com você, vaqueira!

Então, o Woody, que sempre buscou incansavelmente não deixar nenhum dos seus amigos brinquedos para trás, fica para trás. Torna-se um brinquedo sem dono que ajuda os outros brinquedos perdidos a encontrarem seu caminho. Ele se vai... Então outro personagem pergunta:

— O Woody tá perdido?

Só que seu melhor amigo olha e consegue finalmente enxergar com um sorriso no rosto e lágrimas nos olhos:

— Não... agora o Woody não está mais perdido.

Woody teve a coragem que poucos têm: abraçar seu propósito, o chamado de Deus para sua vida.

Esta era a lição: eu precisava ouvir e me libertar de tudo. Iluminar o caminho dos demais, como o personagem fez ao longo da história do filme, não copiar o que os outros estavam fazendo, e sim finalmente perceber o que Deus tem para mim.

Então, quando me dou conta de que esse é o ponto-chave, me falta o ar. E percebo que o ar não precisa faltar para a Malu. Eu preciso respirar e entender aonde a vida quer chegar ao me ensinar certas lições.

No dia a dia não permitimos que os sinais apareçam, é muito mais fácil seguir as causas materiais das coisas. É mais simples, por exemplo, buscar uma explicação médica para entender por que determinada doença chegou ao corpo do que seguir as pistas e buscar entender "que conflito de alma meu corpo está tentando resolver por meio dessa doença"?

E fugimos o tempo todo dessa resposta. A sociedade, em geral, está doente e não consegue enxergar tais pistas. As pessoas não percebem que a mente está indo para um lado e a essência para o outro. E desrespeitar o "instinto" para concordar com o que a maioria faz, ou, ainda, o que é esperado que se faça, faz com que a gente se traia, e o coração nota esse conflito. Aí vem a cura por meio de uma doença que faz com que a gente se perceba. Que faz com que a gente se enxergue de verdade.

Muitas vezes, porém, esse chacoalhão nos joga no chão quando a doença é de um filho. A vida nos dá sinais o tempo todo. Desrespeitamos esses sinais. Uma amiga que foi atropelada há pouco tempo em frente ao seu consultório, onde atende como terapeuta, disse que sofreu aquele acidente porque estava distraída.

— Mas eu não estava distraída atravessando a rua. Eu estava distraída perante a vida. Eu estava vivendo a vida distraidamente e ela me jogou no chão para eu acordar.

Claro que nem todo mundo tem a presença e a consciência para elaborar os sinais que a vida traz e encontrar as lições escondidas neles.

A vida de todos nós é repleta de medos, sentimentos confli-tantes, dúvidas e frustrações. E Donald Woods Winnicott, um brilhante psicanalista inglês estudioso da natureza humana, dizia que todo indivíduo "é jogado na responsabilidade única de cuidar da única vida que tem no seu estrito tempo de existir. Cabe a ele viver sua vida, responsabilizar-se por ela, por seus acertos e erros, felicidades e infelicidades".

No entanto, muita gente vive a vida toda sem experimen-tar a si mesmo. Vive a vida "distraída", e, quando acontecem coisas como aquele atropelamento da minha amiga, não per-cebem que foi um sinal que a vida trouxe para que despertasse. Muitas pessoas não têm consciência nem despertam quando a vida provoca. A maioria de nós, preso nesse rodamoinho, entra cada vez mais nele e se perde ali, se equivocando e temendo que tudo piore ainda mais.

Um conhecido teve um princípio de infarto quando finali-zava uma negociação que ele sabia que estava indo contra seu desejo do coração. Já estava pronto para seguir uma viagem com a família quando decidiu "pegar só aquele trabalho" e dei-xar a família seguir viagem. Quando o papel chegou para o ho-mem assinar, seu corpo pediu socorro e o peito apertou. Teve uma sensação de sufocamento e depois, já no hospital, foi diag-nosticado o infarto. Enquanto estava na ambulância, a única coisa que se passava em sua mente era "De que adianta mais um contrato se eu não tiver esse tempo com a minha família? E se eu morrer agora?". Sempre vivendo num medo de escas-sez, de não ter como suprir a necessidade financeira dos filhos já adolescentes, ele se sacrificava fisicamente e não seguia os sinais que apontavam que era hora de desacelerar. Até que seu corpo gritou e deu o sinal derradeiro. Era Deus deixando claro que o primeiro ministério de uma pessoa é sua família.

Por sorte, esse meu conhecido teve uma nova oportunidade, saúde restaurada e conseguiu reverter a situação, declinando do projeto, e percebeu que precisava dedicar-se a outras coisas que atendiam seus desejos. Naquele ano ele viajou com a família e no retorno encontrou um velho amigo na poltrona ao lado no avião. Esse amigo o convidou para conhecer sua vinícola. Era uma paixão antiga dos dois apreciar bons vinhos. E aquele breve contato despertou nele o desejo de fazer algo de que gostasse, além de gerar o início de um novo projeto de vida.

Na cena pós-crédito do filme *Clouds*, que retrata a luta do jovem compositor Zach Sobiech pela vida, ele diz uma frase que me marcou demais: **"Não é preciso saber que vai morrer para começar a viver"**. A vida acontece agora. Viva agora!

Além dos sinais, a vida nos premia quando seguimos o nosso coração. Ela nos apresenta novas alternativas, que antes não seriam possíveis se estivéssemos presos no medo, na insegurança ou no *modus operandi* automático da mente.

A essência sempre vence, de uma maneira ou de outra.

Já estive com pessoas teimosas o suficiente para não se darem conta de que assumiam o papel de vítima e não conseguiam dirigir a própria vida. Uma delas, num curso, participou de uma dinâmica em que, usando minhas habilidades de luta, com cuidado, a coloquei no chão. Fiz arte marcial a vida toda e usei uma técnica para colocá-la no chão sem machucá-la fisicamente; o exercício não tinha o condão de ferir e sim de libertar. A pessoa teimosa se levantou com um pouco de raiva, mas ainda não estava tomada pela raiva. Até que, depois de repetirmos sete vezes, ela se levantou e disse:

— Você não vai mais me derrubar.

A partir daí ela se permitiu ficar de pé. E, quando ficou de pé, começou a chorar e perceber que estava fazendo isso com a própria vida. Essa pessoa deixava os outros a derrubarem e depois reclamava que estava no chão, mas não tinha, até aquele momento, tido uma postura de quem está firme e não vai deixar mais ninguém a derrubar.

Ela estava diante de um instrutor treinado que a fez, de uma maneira ou de outra, perceber aquele comportamento. Mas será que sempre estamos nos percebendo? Estamos conscientes do que fazemos e deixamos de fazer por nós mesmos?

A vida muitas vezes nos leva a um lugar que nos machuca para darmos mais atenção a algo. E, se não estamos presentes, não identificamos os sinais. Não usamos nossos sentidos para interpretá-los, para seguir com nossas escolhas.

Às vezes desviamos de um percurso, ignorando nosso "palpite", e um sinal nos traz de volta, como se dissesse "ei, não se esqueça de você mesmo". E, quando entramos no movimento da sincronicidade — que é a arte de observar os sinais o tempo todo —, abrimos um canal e ficamos receptivos a isso. É quando nos deixamos levar pelo mover do Espírito Santo e seu direcionamento.

Então, se torna comum um amigo te ligar quando você pensa nele, ou você mandar uma entrevista na TV para alguém que achava que estava precisando ver aquilo e constatar que a pessoa estava assistindo o mesmo que você naquele momento. Quando estamos presentes, maximizamos os sinais, e é isso que vou te contar no nosso próximo capítulo. Como fazer o download acontecer. Precisamos treinar o dia a dia, captando pequenos sinais, para termos comunicações mais sofisticadas. Antes de termos o muito, precisamos aprender a lidar e perceber o pouco.

A pergunta que te faço agora é: você está pronto para receber os sinais que a vida quer te dar? Ou faz parte da sua rotina ignorar o que te manda para um caminho diferente daquele que você considera especial?

Ok. Então o que pode ser considerado um sinal?

Sinais são manifestações que podemos sentir no próprio corpo, em situações corriqueiras e em ocasiões especiais. É o nosso corpo falando; em outras palavras, é a testificação do Espírito Santo em nosso coração. Como saber? Entenda o corpo, sua percepção e as similaridades da vida. Note o que vem sendo recorrente. Claro, tenha, como diz uma amiga querida, "olhos de ver" para entender as diferentes roupagens da rotina.

Para entender um sinal, coloque foco na alteração do seu corpo. Tal sinal pode vir pela dor, como no exemplo acima, da minha aluna. Coloque sua atenção nessa dor, deixe que ela doa até te esclarecer o sinal embutido nela. Pode vir por sensações maravilhosas e de súbito. Aí é o sinal se comunicando com você pelo amor... Aprofunde, deleite-se a ponto de se emocionar e o sinal ficará ainda mais claro. Pode ainda, e esse é mais que um sinal, é uma direção, vir pelo testificar do Espírito Santo. A grande ferramenta para os sinais é deixar o corpo falar. Seu corpo retrata tudo que passa no seu interior; ele é, muitas vezes a voz da sua intuição. As emoções que experimentamos durante a vida são armazenadas e catalogadas pelo nosso corpo, e este por sua vez quer contar a sua história, e não ouvi-lo pode te levar a sucumbir. Nosso corpo lembra de tudo que a mente se esforçou ou sufocou para esquecer.

Observe sua respiração, cabeça, peito e tronco. Perceba suas mãos, barriga, coluna, pernas e pés. Aprenda a linguagem dos sinais com a qual seu corpo se comunica.

Comece pelo óbvio: respeite seu corpo. Se está com sede, beba água (até aqui, está fácil); se já está satisfeito, pare de comer, e assim por diante, até ir se especializando em você mesmo e se tornar capaz de interpretar as nuances mais íntimas do seu ser. E, claro, os sinais vêm também com alguma mensagem a partir de filmes ou músicas que te fazem refletir (Deus fala muito comigo por meio dos filmes), às vezes uma pessoa diz em voz alta alguma dúvida que você tinha em mente. Importante é: não limite as maneiras que os sinais podem chegar até você, não queira colocar a comunicação do Espírito Santo com você dentro dos padrões que você acha que deve ser, simplesmente deixe fluir e esteja atento!

É mais fácil e MUITO MAIS EFICIENTE do que ficar aí reclamando que terá trabalho para entender os sinais... Ops, será esse um sinal?

E de repente me vi sentindo tudo que as pessoas sentiam, mais vivo, mais consciente. Onde eu estava aquele tempo todo? Quanto tempo tinha passado desde então? Quem era o dono da voz que tinha sacudido tudo dentro de mim até que eu ouvisse aquele chamado?

Uma criança gritava dentro de mim. Estava querendo despertar. Queria que eu olhasse para ela com carinho. Queria que eu a acolhesse sem julgamentos, que a aceitasse.

Quanto tempo eu tinha deixado aquele menino de lado? Aquele menino repleto de sensibilidade, cheio de ideias, sonhos e aspirações para o futuro? Por que tinha desistido dele? Percebi que, em vez de tentar mudar o mundo com a doçura da minha criança interior, eu preferira deixar que o mundo me contaminasse com sua incapacidade de ser puro como uma criança.

Ser puro era quase como ser um idiota diante de adultos responsáveis. Porém, eu não podia mais me encolher e chorar em posição fetal. Precisava acolher aquele menino dentro de mim querendo encontrar seu espaço no mundo e entender como eu podia trazê-lo à tona. Como despertar essa criança num mundo de adultos descomprometidos com o que há de mais precioso na vida?

Eu estava cansado de "ser adulto". E nem tinha me dado conta disso. Fazia as coisas na força do meu braço em vez de me aproximar do Pai e deixar Ele fazer.

P

PRESENÇA

Damos as costas para o que está acontecendo, pois preferimos tentar eternizar o momento a vivê-lo.

Você tem um projeto que é o desígnio da sua vida. Se você dedicar tempo e energia a ele, pode dar certo ou dar errado. Se você dedicar tempo e energia no projeto de vida do outro, igualmente pode dar certo ou errado; a diferença é que você nem perde nem ganha nada diretamente. Está ali assistindo ao jogo acontecer em vez de entrar em campo. Sendo um coadjuvante da sua própria história.

Terceirizamos o que é nosso para que tenhamos menos medo de algo não dar certo. E talvez, só talvez, o grande medo é que dê certo e não que dê errado. Para responder isso basta me dizer um projeto seu que você ainda não levou adiante. Ótimo. Agora eu questiono: e quantos projetos de pessoas amigas e parceiros você tem ajudado a colocar em pé? Qual o motivo de os seus projetos estarem sempre, ou quase sempre, em segundo plano?

Entende que, quando você olhar para si e estiver presente para si mesmo, inevitavelmente irá resolver sua vida, ou no mínimo vai dar passos para que as coisas se resolvam? Até quando vai se contentar em ser apenas parte do problema e não da solução?

Você perde o plano B e tem que olhar para os seus problemas. Isso traz um crescimento muito grande, uma vez que você sabe exatamente o seu tamanho, nem para mais, nem para menos. Quando estamos presentes e ouvimos o plano de Deus para nós, não há a necessidade de plano B, C ou D, pois acessamos os planos dEle para nós.

Estar presente é intimamente ligado à felicidade, e, quanto mais nos desconectarmos de nós mesmos, menos presentes estaremos.

Quando estamos presentes, acessamos uma nova frequência, nossos sentidos se aguçam e as coisas acontecem de maneira sobrenatural. Eu ouço mais longe e mais fundo. Escuto o que suas palavras não dizem. Vejo o que os outros não enxergam e as coisas começam a ir além. E quando fazemos isso? Quando estamos alinhados integralmente. Aqui preciso te explicar que somos seres tricotômicos, ou seja, somos compostos de corpo, alma e espírito. De forma mais assertiva, somos seres espirituais, temos uma alma e habitamos temporariamente um corpo.

Até as cores são reconhecidas de forma distinta. Os sinais começam a cair feito dominó, e você começa a captar tudo que está a sua volta como se fosse uma antena.

Estar presente é uma das coisas mais simples e mais desafiadoras da nossa época. As pessoas estão cada vez menos presentes. Estão conectadas a tudo ao mesmo tempo, ou ao menos tentando estar. É o tempo todo. Contudo, carregam a mente (alma) cheia de coisas e não estão presentes efetivamente em nada. Estão nas redes sociais ao mesmo tempo que tomam sorvete com os filhos. No cinema e checando as mensagens de celular. A conversa no almoço com a TV ligada, e tudo que pede presença está sendo preenchido com uma ausência catastrófica.

O número de acidentes no trânsito relacionados ao transtorno do WhatsApp cresceu assustadoramente. Vivemos em uma época em que existem clínicas que ajudam dependentes de celular.

Afinal, por que estamos fugindo tanto do presente? O que torna tão difícil estar no aqui e agora quando a vida requer a nossa presença?

Lidar consigo mesmo é tão novo para a maioria de nós que chega a assustar.

104

E a grande pergunta que quero fazer a você neste momento do livro é: você está presente para a sua vida? Você vive o momento presente? De que forma a sua presença no mundo é percebida? Você sabe estar presente para si mesmo?

A grande equação moderna é saber administrar tempo e relações. Relações de trabalho que nos consomem, relações digitais que sugam nossa energia, relações que carregam dependências emocionais. Todas as relações estão sempre querendo roubar de alguma maneira nossa atenção, e é assim que nos sentimos a maior parte do tempo: distraídos de nós mesmos.

A maioria de nós acaba vivendo a vida conforme as demandas aparecem. Se deslocam do próprio caminho, vivem a vida do outro, o que o outro quer, determinam as distrações do final de semana e cumprem as regras autoimpostas para pagar as contas e fazer de conta que vivem em harmonia.

Só que viver é muito mais que isso. Viver exige de nós a presença. Estar presente não é o mesmo que estar fisicamente em determinado local. Estar presente é pertencer a si mesmo. É sentir. É se conectar, é fazer parte, fazer diferença. É se colocar em ponto de fluidez, em alinhamento completo para perceber os dizeres do Espírito Santo em nossas vidas. É estar tão desperto que a sua presença é um convite para o outro despertar.

Eu aposto que a vida moderna não nos traz isso. Para começar, a era digital veio com tudo, e pede nossa presença de uma maneira que não sabemos nem como dosar o online com o offline. E eu não estou julgando ninguém, porque eu mesmo já caí nessa arapuca, várias vezes.

Outro dia eu me vi diante do prédio onde moro, esperando a van escolar, como faço todos os dias naquele horário. Era hora de receber o João, meu filho caçula. Só que naquele dia eu estava de celular em punho para registrar o momento: queria fazer um story para a galera que me segue, contando como é a recepção do meu filho quando não vê o pai por um dia. No dia anterior eu estive em outro lugar e não o recepcionara em sua chegada.

A van chegou, eu de celular em punho, ele saiu timidamente para o meu colo, aquele abraço caloroso era esperado, e não um vídeo. Quando dei por mim, tinha feito algo que eu criticava em mim: por mais que eu não filmasse aquele momento todos os dias, naquele dia, ao fazer aquilo, eu não estava lá, inteiro. Meu filho tinha perdido a recepção do pai durante dois dias seguidos.

Entender que somos humanos, passíveis de erros e que reproduzimos a cada dia as contradições do mundo moderno não é fácil. E eu trouxe o exemplo do meu filho para te fazer perceber que ninguém, absolutamente ninguém, está livre da tendência moderna de filmar e compartilhar momentos.

— Tudo bem, Marcos, mas qual o problema de filmar seu filho chegando de van? Você está eternizando um momento!

A questão é que estamos cada vez mais dando as costas para o momento, com a desculpa de eternizar o momento. Afinal, não é através da tela do celular que a gente deveria ver a vida passar. A presença se dá quando estamos de corpo, alma e espírito em um mesmo lugar. Ultraconectados com o momento.

Uma mãe me contou certa vez que tinha o hábito de filmar as refeições de seu filho quando começou a introdução alimentar dele. Ela fazia isso, já que o pai estava sempre no trabalho naqueles momentos, para que seu marido não perdesse as refeições da criança — com o tempo combinaram de fazer uma chamada de vídeo no horário do almoço.

O hábito se tornou comum. A mãe cozinhava, levava a comida à mesa, ligava a câmera do celular e eles faziam a refeição juntos.

Só que a vida dela estava cada dia mais corrida, e, com o tempo escasso, roupa para lavar, casa para cuidar, ela fazia o almoço correndo e, quando se sentava, também não estava ali. Estava pensando nas outras mil coisas que precisava fazer. Logo, a mulher estava de corpo presente, mas sua "cabeça" vagueava longe. Enquanto isso, o marido assistia ao almoço através do celular.

Certo dia, quando serviu a comida, a mãe começou a perceber que a criança estava rejeitando um alimento que adorava. "Mas que raios?" O marido olhava a cena tentando entender. Ela demorou para perceber, ficou forçando o filho a comer e, quando foi experimentar, o feijão estava com gosto de azedo. Cheirou a comida e viu que estava azeda. "Mas como eu não percebi isso?" Então, ela entendeu que não estava sentindo nem o cheiro das coisas. Não estava sensível e presente a ponto de notar que servia comida estragada para o filho. E aí viu que era hora de parar. A mulher parecia estar ali durante todas as refeições, mas nem ela nem o marido estavam presentes. Presença não é a migalha virtual que damos. Presença não é estar com o corpo, mas a mente longe cheia de compromissos futuros. Presença pode até se dar por meio do celular, mas não apenas para bater cartão. Ou você está presente ou não está. E, se realmente for necessário ser de forma virtual, que seja por completo, inteiramente vivendo o momento. E é de presença que vamos falar agora. Não há despertar enquanto você não estiver presente.

Não sei se já assistiu ao filme *Poder além da vida*. Eu considero um ótimo filme, e em determinado momento, quando o aprendiz, sempre com pressa, diz para o mentor se apressar, resultado: ele o joga num rio. Naquele momento, o aprendiz não pensa em nada. Esvaziou a mente por completo e, quando ouve a explicação do mestre, um mundo de possibilidades se abre para ele. Ele passa a perceber tudo o que está acontecendo a sua volta, passa a fazer parte daquele ecossistema chamado vida, sua visão enxerga mais longe e com mais detalhes, ele ouve com maior intensidade, seu corpo arrepia. O aprendiz percebe inclusive as sensações das pessoas a sua volta. É uma explosão do sentir, que só estando presente é possível vivenciar. Ele finalmente entende o que lhe estava faltando: quando estamos presentes, esvaziamos os pensamentos, assistimos a tudo em câmera lenta, vemos micromomentos, aumentamos a percepção dos sinais, enxergamos tudo, sentimos tudo, e todos os órgãos pelos quais percebemos o mundo estão aflorados. Nossos sentidos maximizam a captação, e transbordamos o perceber. E é dessa forma que ele atinge seus objetivos no filme. Me lembro da frase do mentor:

— Esvazie sua mente, jogue fora o lixo que impede você de ver o que realmente importa: este momento, aqui, agora.

O contrário do que tem acontecido atualmente. Curtida não é abraço. Não sustenta amizade e não supre presença. Uma curtida nas redes sociais tem exercido a função da presença. Mas você não sente o toque, não ouve a voz, não sente o cheiro. É, no mínimo desafiador, reproduzir presença quando se projeta imagem na internet. Não é, nem de perto, a mesma coisa. Não me entenda mal, eu adoro a internet, trabalho por meio dela e acima de tudo sou grato a ela. Apenas digo que não é igual.

As pessoas estão confundindo as coisas. E não adianta nada você entender muito de sinais, diagnosticar tudo que precisa escolher na sua vida e não estar presente nela.

Quando assisti àquele filme, entendi o que eu precisava: potencializar as sensações. Eu também sabia que o maior desafio para estar presente para a vida eram as distrações do mundo moderno que se travestem de facilidades.

Para mim, a presença é a chave para abrir a porta para um campo que a gente não enxerga. Mas será que a gente está disposto a enxergar? Será que queremos ver? Será que não estamos nos anestesiando e nos distraindo porque queremos justamente fugir das sensações que a vida nos provoca?

Neste ponto do livro você precisa saber: a minha busca interna sempre foi me reconectar com a minha essência. Com a criança que fui. Afinal, não há nenhuma outra época em que o ser humano esteja mais presente do que na infância. Na infância a criança reconhece o choro antes de chorar. Não aniquila a vontade de gritar, nem sufoca a dor. Na infância a gente ri, a gente chora, a gente corre e grita. Não se preserva pensando em mais nada. Só vive o momento e, aí sim, eterniza ele. Por isso algumas imagens são tão vivas nas nossas lembranças: estávamos lá, de fato. Não vivíamos a descrição de um momento, não tirávamos uma foto. Uma criança, quando está ali, está entregue, de corpo, espírito e, claro, com a mente acionada, vivendo o momento.

Só que vamos crescendo e perdendo a capacidade natural com a qual nascemos. Vamos obedecendo ao meio externo para pertencer a ele. De um lado, pais que acabam com a vida dos filhos reprimindo atitudes ou dando anestésicos para que não estejam presentes. E os tais anestésicos, pasmem, são os celulares, que privam a criança, peça fundamental de um lar, dos sentidos e a coloca em modo avião. Afinal, que pais não gostam do silêncio promovido pela criança entretida?

Mas isso começa a se tornar frequente. A criança come vendo televisão, não sente mais cheiro, seu paladar não entende o que é o quê, e a vida vai perdendo a cor e o sabor. O resultado disso é a depressão que invadiu a adolescência em níveis catastróficos. Adolescentes que não contemplam a vida uma vez que não conseguem encontrar prazer em mais nada.

E nem por um segundo entenda mal o que exponho aqui: buscar a reconexão com essa criança não nos faz fugir das responsabilidades adultas; pelo contrário, nos faz encará-las de forma presente, sutil, verdadeira, com as habilidades das crianças maximizando as oportunidades.

Façamos o seguinte: pare por um momento a sua leitura. Tenho um presente para você: um momento de reencontro consigo mesmo, algo que vai te deixar leve e te reconectar com sua essência.

Sente-se em um lugar confortável onde não terá interrupções e pegue seu fone de ouvido. Aponte a câmera do seu celular para este QR code:

Leva poucos minutos. Depois você retoma a leitura a partir deste ponto. Te vejo lá.

Outro dia um amigo contou que fazia as reuniões no trânsito para otimizar o tempo. Enquanto fazia a reunião, ele não estava ali. Nem olhava para o interlocutor. Cumpria uma agenda. No dia seguinte mal se lembrava do que tinha sido conversado. As pessoas estão usando o agora para bater cartão. Não estão efetivamente no agora, e, quando chegam ao compromisso agendado, já estão pensando no que vem depois.

Com a pandemia que estávamos vivendo enquanto escrevia o livro, pude perceber os excessos (e o legado de maus hábitos que foi deixado). Da TV que só traz notícia catastrófica, e na internet uma explosão de lives, dezenas ao mesmo tempo. Caso a pessoa queira acompanhar tudo que está acontecendo, não acompanhará nada na verdade, pois não estará presente para mais esse excesso.

As pessoas estão numa sede de produtividade e esquecem que não é o que vão fazer depois. É o que vão fazer agora. As pessoas falam que não têm tempo, e não ter tempo é a maior mentira que contamos para nós mesmos. Por um único detalhe: o tempo que temos é igual para todos. Experimente desligar as redes, focar a sua respiração e passar um tempo sozinho com você mesmo. Tirar um tempo para orar, dobrar os joelhos e falar com Deus. O tempo parece uma eternidade quando se está presente.

Algumas pessoas encontram dificuldade na meditação porque não conseguem ficar em silêncio nem esvaziar a mente. Outras dizem que ficam mais ansiosas porque o tempo não passa. Acontece que preencher o tempo para que ele passe é adiar a sua presença no mundo.

O que ocorre quando estamos presentes?

Me lembro uma vez, dentro de um dos meus cursos, uma aluna que se emocionou ao estar presente pela primeira vez. Seu corpo tremia dos pés à cabeça, ela estava com os sentidos aguçados, experimentando algo que considerou novo, e que mudou a vida dela. Chegou a ficar assustada com a presença nunca dantes sentida. Uma sensação de júbilo tomou todo o seu ser. A energia do agora percorreu seu corpo todo. Esse alinhamento de corpo/alma/espírito é poderoso.

Entenda o seguinte: aconteça o que acontecer, o agora é infinito! O único momento em que efetivamente podemos viver é o agora. Ele é eterno. Quando for dormir, não vai acordar amanhã e sim no hoje (agora). Quando o tão esperado momento chegar, ele também será agora. Tudo acontece no agora.

Guarde esta frase:

O ÚNICO MOMENTO EM QUE VOCÊ PODE FAZER QUALQUER COISA É AGORA!

O tempo não é finito. Ele é infinito. Se você está no agora, ele não acaba nunca. Vamos colocando rótulos para o tempo. As medições humanas são finitas. Não é o tempo que acaba, é você que acaba. O tempo é infinito. Se quer arrumar tempo, esteja presente.

Só que estar presente é o grande desafio da atualidade. Muito se fala em foco e pouco em presença. E são coisas que precisamos saber diferenciar. Foco é para onde direciono minha atenção, é a missão em si; já presença é estar alinhado em corpo, alma e espírito.

Quando está presente, você ajusta e amplia seu foco. Vou dar um exemplo: meu foco agora é escrever o livro, e em algum momento esse foco acaba e se dissipa. A presença não.

Estar presente é um exercício simples, desde que a gente escolha estar no agora. E nesse referido momento a coisa mais importante do mundo é estar aqui. E você precisa saber que não é o foco que traz isso. É saber que quem está detendo sua presença deve ser o mais importante.

Trago novamente o exemplo da pandemia, que estava obrigando as pessoas a conviverem com os seus, com sua família, ao tempo desta escrita. Confinados em casa, tivemos uma oportunidade, talvez inédita em tão larga escala, de nos conectarmos com o que realmente importa. De notarmos o valor das pessoas, de aprender ou reaprender a respeitar o próximo e a nós mesmos. Uma atenção para o nosso papel no mundo, e a importância dele. Foi talvez o maior resgate da presença do ser humano no nosso tempo. Foi o momento em que relembramos o valor de um abraço, a diferença entre olhar nos olhos e olhar na tela do celular. Tivemos a oportunidade de enaltecer o poder do toque, a beleza dos aromas, o contato com a pele de quem amamos.

Entre todos os malefícios que experimentamos naquele momento, se fez a dádiva da presença.

Você desperdiça o agora. Eu desperdiço o agora. Nós desperdiçamos o agora.

E fazemos isso mesmo quando somos conscientes de que não deveríamos. Praticar a presença é o exercício do despertar que nos deixa mais conectados com a vida, mais em sintonia com o Deus, com o estado de *flow*, com a vida em si e toda a abundância que permeia a nossa volta.

As pessoas estão menos presentes. Talvez o excesso de informação faça com que não consigam desencaixotar a mente. Na minha opinião, a sociedade está doente, e essas informações são excelentes desculpas para que nos mantenhamos nesse eterno ciclo doentio. Vivemos um tempo no qual todo mundo quer se encontrar, porém cada vez mais as pessoas fogem de si.

É abundante o conhecimento, e estamos buscando fora o que está dentro. As pessoas não sabem lidar com quem elas podem ser. Sequer sabem quem Deus as chamou para ser. Não sabem olhar para dentro, afinal estão dispersas, distraídas. Algumas começam a despertar e outras não, e a vida está num gigante piloto automático em que as pessoas acordam, vão trabalhar, entram na rede social, falam de problemas, voltam para casa, lidam com a família, tomam banho e vão para a cama (não sem antes uma bela overdose de Instagram e afins).

O estresse coletivo tira as pessoas do agora, e esse *second life*, essa vida faz de conta, que se espalha nas redes também faz isso. Não há uma chave mágica que abre sua mente para você sair dela, contudo é preciso deixar de viver em permanente anestesia. Esse cara está como um zumbi, andando de patinete na avenida principal e se achando moderno, e ao mesmo tempo atropelando a criancinha que está indo para a escola, afinal só está preocupado em ser visto. Está a fim de massagear o ego e de criar uma caricatura de si mesmo.

Com essa frenética busca pela produtividade, essas pessoas acham que estão superconectadas quando estão ouvindo mantras e podcasts, mas nem quando estão no trabalho elas estão trabalhando. Não conseguem manter a mente ali, estão ansiosas e insatisfeitas o tempo todo. Estão sempre esperando algo. A mente deixa aquela pessoa ali sozinha, no vácuo, sem poder desfrutar do presente.

Ao longo dos anos, as pessoas acompanham festas, celebrações, aniversários e mesmo fisicamente estando lá, não estão presentes. Muitas estão mais preocupadas em filmar a festa do que em se divertir com ela. Quando observamos o ambiente em si, isso fica notório. Tem muito mais gente insatisfeita na vida real. Só que nas fotos a vibe é outra: ela aparece em sorrisos e poses. Tá cheio de gente se sentindo extremamente só em meio a uma multidão. Há muitas pessoas comparando o "bastidor" da sua própria vida com o "palco" que os outros postam nas redes sociais.

Estamos virando as costas para o presente, tentando eternizar o momento em vez de vivê-lo. As pessoas não entenderam que jamais a foto da lua vai ser tão maravilhosa quanto a luz do luar. Você vê um momento incrível e diz: "Cara, olha esse momento que lindo". A presença é isso: curtir, aprender, viver. Estar ativo na vida como uma criança. Presença é vida.

A felicidade está intimamente ligada às sensações que as coisas te provocam, e você aniquila a sua capacidade de sentir alguma coisa quando perde o momento em prol de uma foto.

Você não vê o brilho nos olhos de uma pessoa pela foto. Eu não vejo o sorriso surgindo. Vejo uma lente, e as pessoas estão perdendo tudo que está acontecendo. A vida é maravilhosa, e, ainda que a gente quisesse encaixotá-la, isso seria inútil. A vida sempre encontra um meio. Não adianta colocar as ondas do mar dentro de uma garrafa.

Por sorte, quando estamos envolvidos com um projeto, estamos extremamente presentes e não temos problemas quando estamos nesse estado. Só que saímos dele com muita facilidade e perdemos o que a vida nos mostra pelo caminho. Perdemos as propostas para entrarmos no presente.

No meio do caminho para minha casa eu perco o sorriso da criança em que esbarrei acidentalmente com meu braço enquanto olhava para o celular. Na subida do elevador, não vejo que o sorriso da menina para seus irmãos e perco a oportunidade de me conectar ainda mais com tudo aquilo que me faz sorrir.

Eu não devolvo a interação, a conexão. A gente perde esse momento.

É difícil estar presente de corpo, mente (alma) e espírito ao mesmo tempo. Às vezes estamos com a mente e com o corpo, mas não estamos envolvidos com o coração, com nossa alegria, nosso entusiasmo, nossa paixão. Com nosso espírito. Se é uma reunião de trabalho em que você não está com a alma vibrando, você não está ali de corpo, mente e espírito.

Tem gente que é superfocada, consegue ser disciplinada, mas não coloca vida nos projetos. São todos mecanizados, sem graça, sem paixão. E aí que mora a diferença de quando você se entrega ou faz as coisas pela metade. Porque fazer com presença é estar comprometido de verdade com a experiência.

O que um criador faz? Ele cria alguma coisa. E só se cria algo dando vida para aquilo. Você precisa estar com a alma presente, e isso não se ensina num livro, mas podemos aprender. Lembre-se: nem tudo se ensina, mas tudo se aprende.

Presença é quando estamos conversando com alguém e achamos que se passou uma hora quando na verdade já se foram quatro; é quando você está em meio a uma multidão num estádio e

114

a conversa é tão gostosa que nem ouve as pessoas ao seu redor. Quando você escolhe estar presente, você se torna o presente!

O ser humano é capaz de criar coisas incríveis, mas sem alimentar a alma. Quando transbordamos, estamos alimentando a alma, e esse estado de transbordamento é estar com os cinco sentidos ali, pulsando no lugar. Você acessa coisas que não esperava acessar. Saiba que o transbordo é a linguagem de Deus, quando você está cheio de algo isso diz respeito a você, agora, quando está transbordando de algo, aí é Deus agindo através da sua vida.

Quando escolher viver o momento em vez de tentar eternizá-lo em uma foto, ficará perplexo com o que a vida tem a lhe oferecer, e mais: ficará boquiaberto com o que será capaz de realizar.

Despertar é um desafio diário. E entender que o nosso despertar depende de uma série de fatores nos faz perceber que, apesar de ser um processo simples, a sociedade o torna complexo.

Hoje vemos que cada vez mais as pessoas seguem para o caminho contrário ao do despertar. As pessoas estão cada dia mais adormecidas. Cada dia mais anestesiadas e cada dia mais sofrendo as consequências desse atrofiamento da essência do ser humano.

Se seguirmos o roteiro proposto, percebemos que a primeira coisa que é necessária para um despertar é o diagnóstico. E, numa era em que as pessoas estão voltadas para o externo e pouco olham para dentro, fica difícil diagnosticar o que é preciso para prosseguir e fazer escolhas coerentes com nossa missão de vida. Então, as escolhas são feitas de maneira aleatória; não sabemos mais como entender o que queremos e deixamos de lado a tal da intuição no processo. Logo, sabendo que a saída é para dentro de nós, fica tudo mais fácil. Mas como capturar a atenção para dentro quando nos voltamos para fora o tempo todo?

Os sinais só chegam quando percebemos que as escolhas devem ser feitas apenas quando entendemos nosso interior. Porém isso não é tão simples, pois, ao receber esses sinais, não temos a presença para entender aquilo que eles querem nos transmitir.

Logo, não nos transformamos. Voltamos ao marco zero.

Adormecemos no sono profundo do ego. Viramos de costas para nossos sonhos, para aquilo que está alinhado com nossos valores. Afinal, a vida do mundo é mais sedutora "Dá para eu me trair só mais uma vez, né?" Vamos dando desculpas a nós mesmos. Primeiro fingimos que aquele trabalho que está nos matando por dentro está, pelo menos, ajudando a pagar as contas. E vamos adiando nosso despertar, visto que não temos coragem de seguir o que ouvimos dentro de nós, aquilo que Deus tem para nossa vida. Preferimos seguir o que vem de fora. E ficamos cada vez mais dispersos, mais insatisfeitos e frustrados. Cada dia mais medrosos e subordinados às vontades alheias. Isso é o contrário de despertar, uma vez que, onde existe medo, a coragem fica turva e o deixamos nos apequenar, sem agir. Ter coragem é agir com o coração, é não ceder apenas ao que o outro fala, sem ponderar, sem sequer questionar. É finalmente obedecer à nossa voz interior, o direcionamento do Espírito Santo.

Quando eu era criança eu tinha essa clareza, que fui perdendo ao longo da vida.

O Espírito é sábio, e os sinais vão sendo dados até que possamos despertar. Talvez seja esse, afinal, o tal do processo evolutivo. Um pouco de presença nos faz entender que é necessário analisar cada micromomento da vida antes de dar passos. E analisar não se faz apenas com a mente consciente, como também com a presença do Espírito. É justamente calando esse racional julgador que a gente consegue analisar alguma coisa. É sendo quem somos.

Mas com frequência nos desligamos da nossa sabedoria interior e não ficamos presentes para nada. Vamos sendo doutrinados a acreditar que o conhecimento está nos mestres lá fora, nas pessoas que dominam as redes sociais e explicam coisas.

Não julgo, tem muita coisa boa que efetivamente ajuda por aí.

Ocorre que já fui esse cara que estava tão ocupado em produzir que não estava presente.

Hoje vemos a sociedade hierarquizada em vidas. Pessoas se acham mais importantes que as outras porque estão em uma camada social mais abastada e se valem do tempo do outro, ou ditam as regras.

Acontece que ninguém é melhor que ninguém. Eu não sou melhor que o cara que presta serviço para mim e tampouco sou pior do que a pessoa para quem eu presto serviço. É preciso estar sempre presente para o outro genuinamente. Quando você está presente para você, começa a entender que é parte de uma equação e se torna incorruptível.

Sua alma se torna incorruptível. Quando se está presente, não se dá voz ao ego.

Um exemplo disso acontece num dos filmes de que mais gosto, *Coração valente*. Spoilers à parte, é um filme que vale a pena assistir. Se por acaso ainda não assistiu, pode pular esta parte do livro.

Na cena final, o personagem principal está preso e sendo torturado. Quando o chacal está cortando seu corpo e retirando suas vísceras diante da multidão, pede para o condenado dizer "misericórdia", assim o sofrimento acabaria, pois teria uma morte rápida, assumindo sua derrota para o tirano. Todos esperam que o personagem peça misericórdia, até começam a torcer por isso, e naqueles segundos, enquanto o suor escorre de seu rosto e o sangue pinga de seu corpo, fica evidente que ele não vai se render, nem no último minuto de vida. O protagonista é fiel àquilo em que acredita.

Ali eu me vejo. Vejo minhas dificuldades.

O chacal insiste, buscando vencer aquele duelo particular com seu algoz, e fica repetindo que o sofrimento pode acabar: basta ele dizer misericórdia e tudo estaria acabado. Já exausto, com dores dilacerantes, o personagem assente com a cabeça para o chacal, que, orgulhoso, diz, acreditando ter vencido aquela espécie de duelo com seu inimigo:

— O prisioneiro deseja dizer uma palavra.

Ele reúne suas últimas forças, puxa o ar que rasga seu peito a essa altura e, num ímpeto final de ser congruente com seus valores, grita:

— Liberdade.

Porque, mesmo no último minuto, o protagonista é fiel ao propósito que Deus lhe confiou. Fiel aos seus princípios. Mesmo pagando com a própria vida. Ele, presente, seguiu seu propósito inabalável. E ali o chacal aceita a derrota, entendendo que esse nível de presença deve ser respeitado, e, ao som da gaita de fole, o herói reconhece, em meio à multidão chocada com tamanha honra, que cumpriu seu papel. Amo esse filme, e essa cena em particular é a de que mais gosto. Ela não me deixa esquecer que desistir de quem somos nós, não é opção, e sim fuga. Fuga de si mesmo, fuga da essência, fuga do centro da vontade de Deus em nossas vidas.

Nesse estado de presença, de consciência plena de quem somos, nada nos faz mal. Nem ser mutilado diante de uma multidão.

Esse é o tipo de presença incondicional que prego. Devemos servir a Deus, aceitar Jesus como nosso Senhor e Salvador e permitir que o Espírito Santo faça morada em nós, só assim serviremos aos outros na essência da caridade, no âmago do propósito da nossa existência. Devemos ser quem fomos feitos para ser, sem buscar desculpas para servir a propósitos alheios que não conversam com o seu próprio. Há muitas outras pessoas por aí com propósitos similares aos seus, propósitos que conversam entre si, que se complementam. Quando você estiver presente e não atrapalhar o fluxo da vida, certamente as encontrará; a vida sempre dá um jeito de atraí-las para perto de você.

Fatalmente somos, e talvez sempre seremos, seduzidos a nos esquecermos por completo com a desculpa de agir para solucionar o problema e a vida de quem está do nosso lado ou ali fora — e, ressalto, quando nos anulamos pelo outro em vez de somar, fazemos isso para esquecer ou fugir de nós mesmos.

Presença, para mim, é o sentimento que me causa a cena final de *Coração valente*... Meu corpo inteiro se arrepia, uma descarga de adrenalina e as demais químicas cerebrais são cavalarmente injetadas no meu sistema, me sinto preenchido, meus sentidos todos aguçam e eu passo a sentir o mundo pulsando em minha volta... As cores realçam, os cheiros também. Percebo a batida do meu coração entrar em compasso com o coração daqueles que eu amo, pareço escutar seus pensamentos... É um estado de alerta de quem sou eu, uma corrente clamando seu arrebentar, um livramento da caixa que resolvi me colocar. É quando sei, sem dúvidas a turvar meus pensamentos, que ficará tudo bem.

Tenho uma amiga que certo dia me confessou que percebeu que seus relacionamentos amorosos eram sempre muito intensos. Só que a intensidade vinha sempre da parte dela: ela dedicava tempo e energia absurdos para sustentar aquela relação e ficava satisfeita pois se alimentava daquilo.

No entanto, com o tempo minha amiga começou a se dar conta de que, quando se dedicava ao outro, superapaixonada, estava esquecendo de si mesma, fugindo de suas demandas pessoais. Essa doação, quase que em desespero, escancarava que ela precisava dosar tempo e energia para ser presente na própria vida, senão ia passar a vida num *looping* infinito tentando curar os buracos emocionais que ela mesmo cavava. O problema não está em se dedicar ao outro e sim em se esquecer por completo.

Para preservar a sua presença é bom ficar atento se você não está se doando exageradamente, a ponto de se esquecer nas suas relações. De trabalho, projetos, filhos.

Ao identificar que está fugindo de suas demandas pessoais, entenda que, ao nos doarmos em demasia, não estamos presentes para nós mesmos. É difícil admitir isso e depois perceber esse comportamento em relações que não necessariamente te fazem mal. Você se doa e te faz bem. E isso é um diagnóstico maravilhoso de ser feito, é uma escolha de seguir em frente.

Quando você escolher viver presente, saberá o bônus que isso acarreta e apenas assim vai poder beber da infindável fonte da plenitude.

A felicidade do momento presente é intransferível. E pouca gente sabe beber dela. As pessoas se alimentam das relações que nutrem, mas fogem delas mesmas. E, quando você se alimenta de algo que era seu em outro, começa a abrir um buraco infinito de solidão, que é a ausência de si mesmo.

De repente você se vê resolvendo problemas do outro e dedicando tempo e energia do outro e se apaga da sua própria vida. E não me entenda mal: servir é minha vida, contudo preciso servir por inteiro, e isso inclui servir a mim e a minha família também, caso contrário será um caminho vazio buscando pertencimento no outro, sem encontrar pertencimento em Deus. E, quanto mais buscar tapar o buraco de outrem sem também olhar para si, mais vai abrir o seu, a ponto de ficar tão profundo que você não conseguirá ajudar a mais ninguém, se tornando obsoleto para si mesmo. Tape em você o buraco que identificou no espelho do outro.

— Mas por que fazemos isso? — você pode estar se perguntando.

Um grande sinal de presença que você pode observar em si mesmo é se, quando está conversando com alguém, consegue sustentar aquele olhar. Quando sustentamos o olhar de outra pessoa, isso significa que estamos seguros de nós mesmos. E pouca gente hoje é capaz de segurar o olhar do outro. A fuga é mais fácil.

Desviamos o olhar para que não sejamos vistos, que nem crianças que se escondem cobrindo os olhos com as mãos e acham que ninguém está vendo, porque elas não enxergam com os olhos tapados.

Prepare-se, vou te dizer algo que de repente ainda não percebeu: você está pronto para ser visto! E a grande sacada aqui é que você só realmente está pronto para ser visto quando entende que não precisa mais ser visto e toma posse da sua identidade.

E a partir de hoje vai escolher assumir isso na sua vida. Assumir a possibilidade de ser visto, de ser escutado, de ser notado, de estar presente nas relações, sem desculpas ou inseguranças.

Às vezes você vai perceber que precisa colocar mais limites em suas relações. Elas podem estar exigindo mais de você do que você é capaz de dar. Mas esteja presente para essas microdecisões e entenda o que pede sua presença.

Não adianta adiar, empurrar com a barriga e usar os finais de semana para fugir dos problemas e espairecer. Quando você volta para casa, eles inevitavelmente estarão lá.

Tome consciência disso: se você sai para espairecer visando fugir dos problemas, está apenas se tornando perito em distrações, ficando sem presença onde quer que esteja.

Olhe para sua vida e entenda quais prioridades começam a tomar força. E se coloque também no rol das suas prioridades. Tem que ser por você também, senão você perde o caminho. Ressalto: por você também, não apenas por você. Sirva sempre ao outro, apenas não se anule por completo ao fazer isso.

Estar presente é uma das grandes responsabilidades negligenciadas do ser humano.

Nesse estado, que é frequentemente esquecido na pressa do dia a dia, a depressão não nos atinge, tampouco a ansiedade, pois um é excesso de passado em nossas vidas e o outro, por sua vez, excesso de futuro. Quando você está cem por cento conectado na experiência, vivendo o aqui e agora, esses males não conseguem te encontrar.

Ok, e como conseguir entrar em tal estado?

Simples, se faça a pergunta: o que está, aconteça o que acontecer, no presente? SEU CORPO!

Partamos do princípio óbvio de que quem nos tira do presente é a nossa mente, que viaja ao passado e ao futuro com frequência. Mas nosso corpo está sempre aqui, aguardando pacientemente o retorno da mente para o agora. Para que a realização de quaisquer tarefas seja plena, efetiva... que seja o seu melhor.

Então basta se conectar com o corpo? Sim, simples e efetivo, uma vez que traga sua mente junto ao seu corpo no aqui e agora, convidando seu espírito para se alinhar, assim você conseguirá sentir os benefícios da presença.

Comece respirando, fazendo isso com atenção e intenção. Inspire por quatro segundos, prenda o ar por um segundo e depois solte-o durante os próximos quatro segundos. Prenda a respiração por mais um segundo antes de inspirar novamente. Repita o processo algumas vezes, de três a cinco.

Concentre-se no seu corpo, perceba-se.

Depois movimente-se levemente, perceba a vida percorrendo seu corpo. Outra maneira de fazer isso é meditando. Calma, não precisa ser um profissional da meditação não; você pode começar agora e se sairá muito bem. Não se cobre tanto. Busque esvaziar sua cabeça de pensamentos, mas, se eles insistirem em aparecer, deixe. Não lute contra. Quando não faz resistência aos seus pensamentos e simplesmente não dá atenção, eles passam; do mesmo jeito que vêm, vão. Pense que sua mente é o Sol, e seus eventuais pensamentos são nuvens; elas até encobrem o Sol, mas são passageiras. Deixe passar.

Há também uma gama enorme de vídeos e aplicativos que te ajudam a meditar de forma guiada. Comece devagar, não se cobre tanto; vai dar certo.

Dica: use essa fórmula de não se cobrar tanto para sua vida.

Acima de tudo: ore, peça ajuda a Deus, tenha um relacionamento com Ele e seja você mesmo, não se preocupe tanto com o que o outro pensa sobre você, com sua reputação. O outro tem apenas um vislumbre de quem você é, enquanto você carrega a essência de si próprio. Observe suas emoções. Cuide do seu caráter. Tudo acontece no aqui e agora. De nada adianta perder tempo discutindo sobre o que não poderá ser feito no agora. Esse costume te leva a procrastinar.

O único momento em que você pode fazer qualquer coisa é agora!

Comece agora!

Olhei para aquele menino tão cansado de pedir atenção. Abracei-o com força e pedi desculpas. Não podia mais ignorar aquela criança. Eu precisava caminhar e me fortalecer, encontrando a minha essência naquele Marquinhos que não tinha medo de se esconder quando sabia o que estava fazendo.

Por que eu me tornara tão desacreditado da vida? Por que eu estava perdendo a esperança? O brilho no olhar? Por que estava cada vez mais difícil dizer para meus filhos que eles podiam levar a vida de forma leve? Por que eu não conseguia mais seguir os conselhos daquele menino que morava dentro de mim? Por que me sentia tão sozinho?

Por quê?

E

ESTRATÉGIA

Como você faz o que você faz?

Muitas pessoas chegam até mim por conta do meu trabalho buscando algum tipo de ajuda. Algumas não sabem mais quem são: perderam a identidade e se sentem confusas com o momento atual.

Outras alegam que não estão bem no trabalho nem em casa e não sabem quem são. Já não se reconhecem no espelho e nem nas atividades cotidianas. A pergunta central de nossas conversas sempre gira em torno de "O que vou fazer para me encontrar?". Elas acreditam que precisam de um mapa para conseguirem chegar aonde querem, como se a condução daquele trajeto fosse simples e de repente elas acordassem num lugar novo, com suas vidas mudadas. Acreditam que isso pode acontecer em um passe de mágica, sem que precisem percorrer a jornada ou a estrada que as leva até lá.

Então, nos conectamos, geramos confiança e eu faço a pergunta que vale ouro: **Como você faz o que faz?**

As pessoas se desestabilizam, não sabem responder. Na maioria das vezes estão tão preocupadas com "o que" fazem que se esquecem do "como" fazem, e eu as alerto que o "como" se faz algo é muito mais importante.

O "como" é o que vai mudar tudo. O "como" é a estratégia para que "o que" possa se tornar algo possível.

Uso "estratégia" aqui não no sentido mais comum, de traçar planos, executá-los e controlá-los. Por "estratégia", me refiro ao que se passa em seu interior quando você vai realizar algo. O que te motiva a seguir de determinada maneira, o que te faz pensar que você executará isso bem ou não, que lembranças você engatilha e ao que elas te levam.

Por exemplo, vamos supor que você se considera bom em cozinhar bolos. Como sabe que é bom nisso? É a ordem de per-

127

cepção que constrói nossas ideias — como a de ser bom em cozinhar bolos — é o que chamo aqui de estratégia.

Vou me aprofundar nisso daqui a algumas páginas.

O que quero ressaltar aqui é que, a partir desse insight, você começa a entender que planejamento e estratégia são coisas que andam juntas. O planejamento é "o quê", enquanto a estratégia é o "como".

A questão é que planejamento é algo que determinamos, mas que podemos seguir ou não. Ainda mais na época em que vivemos. Somos bombardeados com informações de todos os lados. Elas nos afetam de todas as maneiras possíveis, e, se uma coisa acontece lá do outro lado do mundo, já é capaz de nos afetar.

Então, você percebe que não está sozinho no mundo. Que não existem certezas e que você precisa aprender a dançar conforme a música. Cada vez mais.

Eu demorei para aprender que querer tudo do meu jeito podia ser algo muito frustrante ao longo de qualquer jornada.

Mas aí surgiu a necessidade, melhor dizendo, a *oportunidade* do DESPERTA. Conforme eu encontrava o caminho para o meu despertar, entendia que, tendo consciência da estratégia, tudo funcionava melhor.

A estratégia existe desde muito cedo, dentro de você, e você nem percebe que já a tem bem definida quando vai fazer qualquer tipo de escolha em sua vida. Então pode aproveitar o que tem e adaptar para o seu melhor resultado.

Normalmente as pessoas têm duas estratégias bem claras: uma que dá certo e, portanto, trará um resultado positivo; e outra que fatalmente nos fará naufragar e o resultado não será nada bom. É por isso que é importante se atentar à estratégia: ela nos ajuda a fazer o que precisamos fazer, começando com pequenos detalhes que não são simples de mapear em um primeiro momento, mas que, quando mapeamos, aprendemos a replicar qualquer estratégia.

Te pergunto novamente: como você faz o que você faz?

Um exemplo: certa vez perguntei a uma amiga qual era o seu hobby preferido e ela disse que era ler. Então ela me descreveu a estratégia que usa para selecionar os livros que quer ler e ficou chocada consigo mesma ao perceber quão absolutamente intrínseca é essa escolha, que segue muito a lógica dos sinais.

Minha amiga geralmente via um livro num local e comentava com outras pessoas sobre ele. Abria as redes sociais e de repente via uma frase daquela autora ali. Até que percebia que aquele livro a chamava de alguma forma e, quando estava na livraria, era como se ele a encontrasse ao invés de ela o buscar.

Esse processo de seleção é a estratégia que minha amiga usava para efetivamente comprovar que aquela decisão era a certa. Seguia o mapa dos sinais, da escolha, e fazia o que estava diante dela. E o que eu a ajudei a perceber foi que, na sua vida, a estratégia utilizada para tudo provavelmente era a mesma, fosse um simples hobby ou uma decisão qualquer. Essa minha amiga geralmente olhava para algo em sua volta e aquilo remetia a alguma lembrança. Da lembrança ela tinha uma conversa interna consigo mesma que trazia uma sensação.

As sensações que temos quando estamos descobrindo qual a estratégia que usamos na nossa vida são as mesmas, uma sensação visceral, daquelas que sentimos no corpo, percebemos até seu movimento.

O que eu preciso que você entenda de uma vez por todas é que "Como você faz qualquer coisa é como você faz tudo" (T. Harv Eker, autor do best-seller *Os segredos da mente milionária*). Essa frase acompanha minha vida desde que tomei ciência sobre ela.

Dessa forma, se você conseguir entender que tipo de estratégia utiliza, percebe como faz um processo de escolha e identifica as estratégias vitoriosas na sua vida.

Uma das coisas que podemos fazer para entender a estratégia que utilizamos é identificar o que nos faz bem e como fazemos aquilo, para entender a sensação que essa determinada escolha nos causa.

Vamos fazer de conta que você adora andar de bicicleta, mas odeia correr. Só que gostaria de correr porque a corrida é um esporte que consegue praticar em qualquer local, até mesmo quando viaja. No entanto, a sensação que te vem ao pensar em sair para correr é de como se você estivesse indo para algo terrível, e, por isso, não tem qualquer vontade de começar. É possível usar uma estratégia como ferramenta para fazer algo que você gostaria e não consegue fazer.

— Ah, mas Marcos, vou usar uma estratégia para fazer algo de que não gosto?

Muito pelo contrário. Diferente disso: você vai usar a estratégia para fazer algo que gostaria de fazer e não tem tanta paixão.

Lembra que o importante é o "como"?

Pois é: quando você roda uma estratégia e relembra como você faz algo que te dá prazer, ela te remete a uma sensação positiva. Então você usa a mesma estratégia, ou melhor, o "como", para criar a mesma química cerebral e fazer uma atividade que não te dá tanto prazer assim, mas que é importante na sua vida.

Estratégia é diferente de apenas agir. Normalmente, uma estratégia que é bem-sucedida para fazer uma coisa também será bem-sucedida para fazer tantas outras coisas. A estratégia para trabalhar, estudar etc. pode ser mapeada de diferentes formas, de maneira que você começa a perceber que o que faz é muito parecido.

No momento em que fiquei presente na minha vida eu entendi quais estratégias podia usar e quais seriam eficazes para que eu melhorasse minha vida. Até hoje, quando estou perdido, faço um diagnóstico da minha vida e me lembro do meu amigo Leandro me dizendo para fazer da minha habilidade a minha vida. Me lembro de como decidi sair do mercado corporativo, de como decidi viver o meu chamado, e então entendo que no meu processo de crescimento houve períodos de confusão que me permitiram fazer grandes questionamentos. E foram nesses momentos que aprendi a respirar e a criar uma nova ordem para a minha vida, onde eu me permitisse ser quem eu era e fizesse o que eu fazia de uma maneira diferente.

A hora em que fico presente maximiza tudo isso, e começam a aparecer oportunidades. Elas são criadas a partir de uma estratégia mental que tenho de primeiro, silenciar, então perceber que já passei por momentos mais difíceis e identificar como posso ultrapassar aquele em específico.

Estratégia tem a ver com pegar o que você aprendeu e entender o como aplicar isso na sua vida. É se perguntar com sinceridade: "Qual estratégia que eu tomo para fazer as coisas que dão certo e para fazer as coisas que dão errado?".

É muito mais fácil simplesmente te contar o que eu quero fazer do que tentar ficar buscando montar esse quebra-cabeça na frente do espelho. Então, precisamos mapear a estratégia do jeito que conseguimos; quanto mais presença tivermos, mais assertivo é o mapeamento.

Dessa forma vamos entrar em modelo TOTS — TESTA, OPERA, TESTA, SAI — para entender a sensação que tudo nos causa e conseguir chegar à sensação que queremos. Precisamos entender se ela é boa ou ruim, mapear a estratégia (entender o como) e começar a aplicar essa mesma ideia em outras coisas.

Esse primeiro teste do TOTS é comparar como estamos nos sentindo com aquilo e como gostaríamos de nos sentir, ou seja, definir nosso objetivo, como o exemplo que eu dei da corrida. Caso não consigamos atingir essa sensação que buscamos, mudamos alguma percepção, incluímos e/ou retiramos estímulos, sempre buscando entender o que ouvimos, sentimos e vemos. Se conseguimos o que estamos buscando, ótimo, saímos desse *looping*. Se não, seguimos testando e operando até atingir o que desejamos efetivamente, ou seja, até nossa satisfação.

Voltando à corrida: se a pessoa que não gosta de correr consegue criar um cenário onde imagina pessoas correndo num parque e se lembra de pessoas de que gosta ao seu lado a incentivando, fazendo algo que lhe dê prazer, aquilo pode gerar um

131

gatilho para ela começar a fazer algo de que não gosta, mas que pretende fazer com o intuito de melhorar a saúde física e mental.

É química cerebral pura.

Veja o meu caso, por exemplo. Certa vez, quando havia acabado de me mudar para Florianópolis com a minha família, um casal de primos nossos disse que iria até lá para correr alguns meses depois. O primo iria participar de uma maratona e a prima estava pensando em se inscrever na meia maratona. De pronto nós os convidamos para ficar em casa. O tempo passou, e a história ficou esquecida.

Então, durante um treinamento em São Paulo, havia muitos alunos que se exercitavam e mais de um maratonista. O Leo, meu filho mais velho, era um dos alunos. Desde a nossa mudança para Floripa, ele havia focado muito nos treinos de corrida; ele estava se dando muito bem. Sendo o mais novo da turma, com toda a sua simpatia, não demorou para se tornar o xodó de todos. Nesse treinamento em específico, que já foi marcante para mim simplesmente pela presença do Leo, ficou ainda mais especial quando os alunos presentearam meu filho com um tênis, uma medalha e um relógio de corrida. Tudo regado a muita emoção e com significados incríveis. Lá ele prometeu que correria uma meia maratona. Foi quando resolvi me comprometer a correr com o meu filho a tal prova. E eu adoro um desafio. Eu já estava acostumado a correr no cenário maravilhoso da ilha de Floripa, mas nada perto de vinte e um quilômetros de uma meia maratona. Então como fazer isso?

Quando voltamos para casa, estava próximo da data de chegada dos nossos primos, lembra? Eles chegariam no final da semana para a Maratona Internacional de Florianópolis. O Leo já se virou com aquele olhar de "E aí? Vamos?". Nos inscrevemos; a prova era dali a sete dias. Como vencer esse desafio?

Ali desenvolvi uma estratégia que me ajudou a cumprir a missão. Eu não estava preparado para correr vinte e um quilômetros, mas já havia diagnosticado que correr um quilômetro eu conseguia, afinal percorria mais que isso quase diariamente.

Logo, era simples: rodar a estratégia de correr um quilômetro, vinte e uma vezes. E foi assim que condicionei a minha mente a correr o "mesmo" quilômetro por vinte e uma vezes. Eu já praticava esse esporte, corria seis, oito, às vezes até doze quilômetros no dia, logo já havia percorrido mais de vinte e uma vezes a distância de um quilômetro. Corrida tem todo um preparo físico indispensável, contudo é muito mental também. Foi dessa forma que finalizei depois de mais de duas horas minha primeira (até aqui) meia maratona, ao lado do meu filho, que foi minha inspiração.

Importante ressaltar: respeite seu corpo, ok? Não vá sair fazendo maluquices sem o acompanhamento de um profissional, um mentor. Essa é uma estratégia que provavelmente não será das melhores, então busque ajuda especializada para desafios específicos que quer enfrentar.

Existem recursos que vou descrever no final deste capítulo que poderão ajudá-lo a trazer essa clareza ao que pretende construir em sua vida.

Uma vez uma aluna chegou para mim contando que, sempre que vivia um luto, ela morria junto. Sentia-se abandonada e, nos dias que se passavam, ficava conjecturando o que tinha deixado de fazer com aquela pessoa. Ela torturava a si mesma, mentalmente, inúmeras vezes.

Conheci essa aluna antes que sua tia-avó falecesse. Quando isso aconteceu, logo ela teve um clique e quis agir diferente do que costumava. Em vez de morrer junto com aquela pessoa querida, simplesmente honrou o que tinha vivido ao lado dela.

Minha aluna aprendeu que, quando perdia alguém, podia usar uma estratégia para lidar com aquele luto. Assim, começou a honrar tudo que tinham feito juntas, entendeu que não foi simplesmente abandonada e que sempre estariam uma pela outra em tudo que viveram juntas mesmo sem estarem mais fisicamente presentes.

Depois de entender que podia ficar olhando para uma foto sem ficar aos prantos e parar a vida, ela conseguiu vivenciar o luto de maneira mais positiva e saudável e viu uma grande mudança acontecer em sua vida. Isso foi uma vitória, já que o hábito de reviver lutos acontecia sempre, desde os seus doze anos.

A questão aqui é entender como você reage aos acontecimentos. Podemos usar as imagens externas que nos afetam para servir como lembranças que geram sentimentos que nos incomodam, ou romper com isso e mudar de estratégia.

Vou dar outro exemplo para ficar mais claro: enquanto eu escrevia este livro, lidávamos com uma situação atípica no mundo. A pandemia, que já mencionei. Uma amiga me ligou e disse que estava chorando o dia todo depois de ter assistido a uma notícia sobre milhares de mortes em determinado país e não conseguia parar de sofrer com aquela notícia.

Ela estava num sofrimento real. E, apesar de sermos humanos e de ser normal termos empatia por pessoas que não conhecemos, aquilo a fazia sofrer tanto que minha amiga não conseguia fazer nada além de chorar. Pensava em seus pais, nas pessoas ali envolvidas, então conversamos para encontrar uma estratégia de modo que, apesar de se comover com a situação, isso não a paralisasse.

A virada de chave para estancar aquele sofrimento foi romper com o visual externo e alterar o auditivo interno: não focar a imagem da morte ou da notícia em si. Passar a ouvir internamente os recursos que tinha para lidar com aquela situação, observando que estava tudo bem, que a tristeza tinha seu espaço, mas que ela precisava olhar para o real, que era o seu entorno, em vez de começar a criar cenários imaginários em torno daquele medo que se misturava com a tristeza de quando minha amiga lia as notícias. Ao mudar seu diálogo interno, tudo mudou.

Todos nós nos conectamos com acontecimentos o tempo todo, e, em momentos de impacto emocional diante de uma notícia ruim, precisamos lidar com as nossas emoções. Sabemos que não conseguimos impedir o fluxo natural da vida, mas podemos controlar a maneira como reagimos aos acontecimentos.

Se mapeamos e dominamos o que nos acontece internamente, entendemos que a sensação de luto pode ser temporária e não precisamos nos apegar à tristeza.

Essa estratégia, de focar sempre na solução e não naquilo que te traz o sentimento, pode ser utilizada para tudo.

— Marcos, como assim essa história de visual externo, auditivo interno, do que se trata?

Te explico.

Lembra lá no começo, quando eu disse que percebemos o mundo pelos nossos sentidos? Então, podemos perceber basicamente pelo que vemos, ouvimos ou sentimos. Cada estímulo sensorial é melhor percebido por cada um de nós; não tem certo ou errado, há apenas o seu mecanismo de percepção de mundo. Visual externo é tudo aquilo que está ao alcance dos nossos olhos; já o visual interno são nossas lembranças e nossa imaginação, ou seja, ou recordamos de algo na nossa tela mental, ou criamos algo. Auditivo, idem: o externo é o que ouvimos vindo de fora por meio dos ouvidos, e o interno pode ser a lembrança de uma conversa ou de um som, a imaginação disso e ainda o bom e velho bate-papo com nós mesmos, chamado de diálogo interno. Esse aí, muitas vezes, nos prejudica. Quanto ao sentir, temos o tátil, que se dá pelo toque externo, e o visceral, que é aquela sensação que vem de dentro. Ainda temos tudo que provamos com nosso paladar e os cheiros que sentimos. É por meio de tudo isso que interpretamos o mundo.

Quando mudamos o estímulo pelo qual percebemos o que está acontecendo, mudamos nossa estratégia e automaticamente mudamos o resultado daquela percepção, pois a notamos de forma diferente. No exemplo da minha amiga isso aconteceu quando ela mudou seu diálogo interno: sua sensação final mudou, ela parou de se deixar levar pelas imagens externas e focou na mudança do diálogo interno, rompendo com aquela sensação de choro e sofrimento que parecia interminável.

Tenho outro aluno que também se transformou depois de mapear estratégias. Ele sempre fazia pose de durão e de bom samaritano, só que dessa forma não conseguia, no final das contas, a ajuda das pessoas da forma como gostaria. Esse aluno fazia o papel de estar bem o tempo todo, de dar conta de tudo. Foi então que mudou sua estratégia e passou a pedir ajuda. Passou a reparar se estava dando uma coisa que não tinha a fim de receber algo que queria. E ele entendeu que dizer NÃO se tornou uma ferramenta importante. A partir daí, o aluno ressignificou a própria vida, uma vez que viu que, muitas vezes, precisava ser cuidado ao invés de sempre apenas cuidar e se esquecer de si; deixou a soberba da autossuficiência ilusória de lado e despertou a humildade dentro dele.

Muitas pessoas também vêm a mim com problemas de procrastinação e de não saber lidar com as coisas de maneira efetiva. Uma aluna em especial, sempre que tinha que fazer algo que não queria, criava um diálogo interno em que arranjava diversas desculpas internas e também externas e acabava não fazendo nada que tinha sido combinado ou deixava de assumir suas responsabilidades.

O que eu quero que você saiba é que existem estratégias que podem te auxiliar a não ficar preso nos percalços do caminho.

Hoje, depois de testar a estratégia de observar porque declinava dos compromissos, ela começou a mapear melhor outro teste de estratégia para não fugir da raia.

Era comum a aluna precisar fazer alguma coisa e entrar num ciclo de procrastinação sem fim. Assim que mapeamos um jeito de ela fazer as coisas da maneira como fazia as que mais gostava, criamos um método que ela usava sempre que não tinha ânimo para começar algo. Dessa forma, a aluna começou a imaginar como seria depois que tivesse feito o que precisava fazer e, ao final, sentia uma sensação boa, como se tivesse concluído aquela tarefa.

Outro caso de aluno que passou a usar a mesma estratégia: ele costumava falar com as pessoas sempre com um ponto de atenção: ser o suficiente para elas e não para ele. Muitas vezes, economizava o que queria comunicar e até se enrolava em tentar reter informação, impressão, conhecimento.

Eu me identifiquei com esse aluno, porque, assim como acontecera comigo durante muito tempo, era constante sua preocupação em caber. Foi quando ele rodou a estratégia de desprender-se e entendeu como era seu ciclo de comportamento.

Você pode estar se perguntando: "Mas como fazer isso?".

A questão é que a pessoa precisa descrever como faz algo que faz com muito prazer e usar a mesma estratégia mental em algo que não lhe dá tanto ânimo, reproduzindo uma sequência de pensamentos e sensações que geram a mesma química cerebral que leva ao prazer. Assim, você pode replicar o prazer de andar de bicicleta a ganhar dinheiro, escrever um livro, curtir um dia ou qualquer outra coisa que ainda não te traga prazer.

A pergunta central é: O que você gostaria de fazer e ainda não faz?

A verdade é que ter prazer em fazer as coisas te leva a fazer mais vezes e, com isso, aprimora o como faz. Por exemplo: se você odeia limpar a casa, contudo é óbvio que vai fazer isso de qualquer jeito, pois precisa ser feito. Se você encontra algum tipo de prazer na atividade e coloca esse mecanismo como estratégia cerebral, aciona um gatilho que te desperta para começar aquela tarefa que é necessária, mas que você não curte.

Conheço uma pessoa que tinha extremo prazer em limpar a casa. Quando perguntei a ela o motivo, a mulher contou que, quando se mudou, a grande felicidade era receber visitas, mas ela nunca tinha a casa organizada. Então, para receber as pessoas, a mulher era obrigada a organizar e limpar a casa, e sempre que limpava ficava imaginando logo depois a recepção, o jantar, a casa cheia, as pessoas felizes ali dentro.

Isso a fazia se sentir bem, mesmo executando uma atividade que não era inicialmente prazerosa para ela.

Se você pretende amplificar uma maneira de fazer bem uma coisa que precisa fazer e não conseguiu, a estratégia sempre pode ser eficaz, mas não estamos falando apenas de fazer limpeza ou andar de bicicleta. Estamos falando dos planos da sua vida, por exemplo, dar aquela palestra que você sempre sonhou mas teme falar em público, ou começar uma atividade que vai ser vital para o seu negócio, mas que não fazia parte das suas tarefas favoritas.

Despertar muitas vezes é apenas fazer pela primeira vez.

Muitas vezes aquela sensação de ficar sentadinho no sofá do comodismo pode fazer com que você não enfrente o que precisa enfrentar. Você fica ali encolhido, pega todos os mimimis, a sensação de medo, o diálogo interno de quando não usa a estratégia mais adequada. A partir do momento que rompe o laço com o medo, você abraça o desconhecido e, assim, consegue ampliar a sua zona de conforto.

Essa é a ideia da estratégia.

Lidar com o medo pode ser incômodo, assim como com a tristeza e com todas as emoções que nos bloqueiam e paralisam de alguma forma. Não quero dizer que você deve reprimir as emoções. Deve vivê-las, no entanto é preciso entender de que forma está fazendo isso e se elas estão criando dentro de você tormentos mentais que te impossibilitam de seguir em frente.

Muitas vezes criamos ilusões em torno das situações. Vemos uma situação que nos causa pânico, triplicamos aquele medo e deixamos de fazer coisas que são necessárias por conta disso.

Assim, nossa mente, em vez de nos fortalecer, fantasia cenários absurdos.

O sofrimento é uma opção sua, muitas vezes até uma estratégia de vitimismo para ficar na lama em que se meteu. Talvez seja o querer atenção e reconhecimento em vez de se reerguer e ser atuante em sua própria sua vida.

Mesmo que enfrente momentos ruins, mantenha seu pensamento positivo e pense em algo que vai te promover a um estado de alegria e felicidade mesmo no pior momento.

Se você conseguir pensar em alguma coisa positiva em qualquer momento da sua vida, verá um fio de luz na treva em que se meteu.

A estratégia rompe com seu medo, com seu sofrimento, faz você sair do piloto automático, faz você entender como fazer o que precisa fazer. Entre estar presente e saber disso tudo, tem um hiato. E a estratégia vai te dar a ferramenta que falta para tomar a atitude que te cabe.

TENHA FÉ PARA COLOCAR O PRIMEIRO PÉ NO ABISMO, E DEUS SE ENCARREGARÁ DE COLOCAR O CHÃO PARA VOCÊ PISAR.

É a estratégia que dá o caminho para que sua mente racional aceite o desconhecido.

Entenda que uma estratégia carrega um apanhado de elementos que em determinada ordem levam a um resultado.

É uma combinação dos nossos sentidos, que, conforme já falei, chamamos de sistemas representacionais, e suas submodalidades. Imagine a estratégia como uma receita: há os ingredientes (elementos acima) e um modo de preparo, que é a ordem em que ocorrem as representações da nossa percepção.

A sequência com a qual a estratégia é montada faz toda a diferença, assim como ao preparar uma receita. Já pensou se você leva a farinha ao forno antes de misturar com o ovo e o leite para fazer a massa do bolo? Não teria um bom resultado, e nas estratégias ocorre da mesma forma.

É importante saber o resultado que deseja com aquela estratégia que está montando; perceba os detalhes. Feito isso, agora é hora de entender onde está e comparar com o resultado que espera; note as diferenças. E então usar o TOTS (TESTA, OPERA, TESTA, SAI) para te levar de um lugar ao outro.

Quanto mais clareza tiver de como está e do que deseja, mais efetiva será a aplicação da estratégia.

Como guia para o seu sucesso, use algo que você faz muito bem e se pergunte como você faz o que você faz. Imagine-se fazendo isso e mapeie as estratégias que usa. Lembre-se de que esse mapeamento se dá pela nossa percepção nos sistemas representacionais. O início foi algo que você viu? Ouviu? Anote por qual canal você começou a rodar aquela estratégia. Depois de encontrar por qual sentido começou, verifique se está dentro (interno) ou fora (externo) de você; o início de uma estratégia é sempre externo, fique atento a isso. Assim, passo a passo, você vai conseguir escrever sua estratégia mental no papel e poderá replicá-la em outras áreas da sua vida. Todos temos uma estratégia para tomar decisões, para acordar, para comer, para se divertir... Usamos estratégias o tempo todo e em tudo. Ela é tão rápida e automática que talvez por isso você não tenha se dado conta disso. Escolha algo em que você é bom e replique.

Por exemplo, minha estratégia para ministrar uma palestra é a seguinte:

- Começo escutando uma música (auditivo externo).
- Concomitantemente, faço meu gesto "âncora" (cinestésico tátil).
- Isso gera uma sensação de presença (cinestésico visceral).
- Imagino a emoção no rosto das pessoas na plateia (visual interno — imagem que construo na mente).
- Por fim, me vem a sensação de confiança e amor (cinestésico visceral positivo).

Aí eu entro no palco. Importante te contar que, quando pulo ou negligencio algum desses passos, não entro no palco da mesma forma e a conexão com o público demora, às vezes nem acontece.

Curioso é que essa mesma estratégia eu uso para um certo hobby que é quase uma terapia para mim: cozinhar.

Eu normalmente escuto música na cozinha, fico ali completamente presente, e então imagino o rostinho de cada um da minha família, sentados à mesa, felizes. Me sinto confiante e cheio de amor. Resultado: a comida fica muito gostosa. Quando pulo algum passo ou esqueço de algo, a comida não fica tão boa, as vezes até queima.

As estratégias estão em todo lugar. Mãos à obra.

Era simples, agora eu
conseguia perceber.

A estratégia daquele menino era apenas
ser ele mesmo. Quanta sabedoria havia
numa criança. E que coragem para
simplesmente ser.

Entendi que o processo de despertar
era mais que um caminho... Era um
alicerce para a minha identidade!

E que só sabemos quem somos quando
decidimos ouvir o chamado que Deus
tem para cada um de nós.

Quando finalmente silenciei,
eu pude ouvir.

Eu estava pronto para uma nova vida.

R
RESSIGNIFICAR

Não há como modificar o que já foi, mas há como mudar como você se sente em relação a isso, e construir uma nova história.

De muitas coisas na minha vida eu achava que tinha certeza. De outras, nem tanta certeza assim. Muitas delas gerava em mim o medo. Tive períodos em que a vida não foi tão fácil quanto eu previa, outros que foram mais difíceis do que eu gostaria. Mas a verdade é que, mesmo assim, um dos verbos que mais estiveram presente em minha vida foi ressignificar.

Mas o que é ressignificar?

É a ação de atribuir um significado diferente, é dar novo sentido a algo ou alguém. Na programação neurolinguística dizemos que é a habilidade de dar novo significado às circunstâncias da vida por meio de uma nova percepção dos fatos e/ou do mundo.

Trazer um novo significado a alguma coisa é uma das nossas maiores potências como seres humanos. Podemos crescer, ressurgir das cinzas, recomeçar, se readaptar a uma realidade já conhecida ou nova, reagir de maneira mais inteligente ou simplesmente realizar algo.

Para sobreviver a tempos difíceis é preciso ressignificar o que te trava. Ressignificar o momento vivido, ressignificar o sentido que damos a tudo que nos cerca, ressignificar nosso trabalho, nossas relações e, a partir desse novo significado, encontrar um novo olhar para o mundo. O mundo está mudando; podemos embarcar nessa mudança e nos reinventar ou ver o barco passar e sucumbir.

A capacidade do ser humano de se reinventar é infinita. O autor que começou este livro não existe mais. Mudei muitas vezes, porque deixei o antigo Marcos ir morrendo a cada nova situação e capacidade adquirida. É um processo evolutivo contínuo. Enquanto escrevia este livro, "morri" e nasci de novo, aceitei a Jesus como meu único e suficiente salvador. O Marcos que escreveu este passo a passo para o seu despertar teve o seu (meu) próprio despertar de maneira tão profunda e intensa, como a maior parte das coisas na minha jornada. O vazio definitivamente se foi; os ressignificados mudaram minha história para sempre.

A morte das pessoas que fomos ontem é importante para que possamos nos reinventar a cada dia, para nos aproximarmos de Deus. A pessoa que começou a trilhar determinado caminho já não precisa mais existir. Mas, para que eu possa me reinventar e recomeçar, preciso preencher a minha vida com novos sentidos.

Alterar a maneira como vemos a realidade é importante e salutar para que possamos escolher novos pontos de vista para enfrentar os momentos de caos. Isso inclui optar por perspectivas e ângulos inéditos para nós.

Ressignificar é uma ferramenta que nos faz interpretar acontecimentos por uma nova ótica, e essa interpretação nos dá autonomia para fazermos ajustes.

Existe um filme italiano muito premiado chamado *A vida é bela*, lançado em 1997, dirigido e estrelado pelo renomado Roberto Benigni. Na história, um judeu e seu filho estão presos num campo de concentração. Guido, o pai, ressignifica cada momento do dia, a fim de criar um novo sentido para a situação e de evitar que seu filho sofra os transtornos daquela rotina devastadora. É dessa forma que ele lida com uma circunstância complicada e difícil, trazendo novos significados para que o filho possa sobreviver ao campo de concentração.

Todos nós somos submetidos a situações difíceis ao longo da vida. Mas podemos ressignificar tudo para o bem da nossa saúde mental. Podemos escolher como viver cada momento e transformá-lo em algo novo.

Algumas pessoas ressignificam a vida, repensando muitas ideias e atitudes após terem um trauma, uma doença, ou até mesmo passarem por acidentes. É assim que aprendemos a dar um novo sentido para nossas vidas. É preciso que repensemos tudo quando algo nos acomete e nos tira o eixo e a estrutura. E é extraordinário que possamos usar nossa habilidade para construir novos cenários, com outras perspectivas.

Quando a Malu estava no hospital, houve uma ressignificação que vale a pena contar. Enquanto eu passava as noites na recepção da UTI, a minha esposa ficava com ela no quarto, e durante o dia orávamos. Acompanhamos o processo tão de perto que nem percebemos o poder de atribuir um novo significado ao que estava acontecendo. Já havia mais de uma semana que a Malu tinha subido para o quarto e deixado a UTI. Estávamos no décimo andar, e a UTI era no quinto e sexto andares. Em uma tarde, a Carla me pediu para ir até a cafeteria comprar algo para ela comer, e sugeri que ela mesma fosse, pois não saía do lado da Malu há dias.

— Desça um pouco, ela tá dormindo, ela tá bem. Eu fico aqui com ela.

E assim foi feito. Pouco tempo depois ela entrou no quarto boquiaberta! Atônita com alguma coisa que acontecera. Carla me contou que, para não demorar muito, pediu o lanche para viagem e na volta ao quarto entrou sozinha no elevador, que parou no quinto andar e abriu as portas na recepção da UTI. E, como você pode imaginar, não é um ambiente dos mais agradáveis. Quando abriu a porta, ela viu uma família em sofrimento, um avô chorando e uma mãe em agonia. Logo pensou: "Puxa como deve ser difícil passar por uma situação assim", e quando o elevador fechou as portas minha esposa se deu conta de que nós mesmos havíamos passado por isso fazia alguns dias. Ficou em choque por perceber o poder da ressignificação agindo silenciosamente durante esse difícil período com a Malu na UTI. Dizíamos que não tínhamos o direito de nos abalarmos ou desistirmos — nossa filha estava lutando, nós lutaríamos também. E lutamos, lutamos a ponto de passar por algo que, de coração, ninguém deveria passar, parece que não dá para passar. Mas passamos, e a ressignificação e o foco na solução nos protegeram de sucumbir. Deus estava e está no comando o tempo todo, hoje sabemos bem disso.

É possível ressignificar o que quiser. Ressignificar a vida profissional, o casamento, a rotina. Ver tudo sob um ângulo diferente.

Você pode mudar o ângulo de visão, pois, se muda a sua perspectiva, muda também a sua escolha e o seu comportamento. Logo, seus resultados serão diferentes.

A verdade é que, quando pensei neste acróstico, minha maior missão era a de escrever um capítulo sobre como você poderia realizar algo a partir da estratégia, como eu realizei, e isso seria de grande valia para o seu despertar. No entanto, ao longo da escrita do livro muitas águas rolaram. A cada página eu ia cada vez mais fundo na minha história, relembrei algumas coisas que não entraram no livro, revivi outras que queria esquecer... Ri, chorei e entendi que não era de fato um ato de apenas realizar... era mais fundo, intenso como eu... é o momento de ressignificar.

O ano em que decidi escrever começou com uma pandemia mundial que mexeu com as estruturas de todos os seres humanos.

Algo novo e assustador sempre desestabiliza. E dessa vez atacou em duas frentes: a primeira foi que todos (ou quase todos) se renderam ao medo, afinal o medo de perder a saúde, de morrer, é uma das coisas que mais mexem com o emocional das pessoas. A segunda foi um medo bem conhecido: o de não ter dinheiro.

Tudo aconteceu em uma velocidade assustadora. As pessoas foram aconselhadas a ficar em suas casas, as ruas foram tomadas por um silêncio perturbador, e na tensão de cada lar havia o íntimo de cada coração batendo com medo, tentando se conectar com alguma força que não se apresentava em momento algum.

Confesso que nesse período eu me deparei com meus gigantes. E não eram poucos. Eles me perturbavam na calada da noite, enquanto meus filhos dormiam.

Para um pai de família, observar que a continuidade da vida pode não ser exatamente o que se planejou ou sonhou é assustador, mas eu precisava ir a fundo naquela análise do momento que se mostrava para mim.

Eu fazia lives com o intuito de buscar entender e desvendar as dúvidas que mitigavam a mente das pessoas, e nisso muitas vezes acabei anulando meus próprios sentimentos. Enquanto a vida ficava em suspenso e as pessoas se recolhiam em suas casas, eu observava como cada um dos meus filhos se portava. Muitas vezes com tédio ou com preguiça. Outras, com esperança de voltar à vida normal.

Foi aí que, numa noite, observando o silêncio das ruas pela varanda, entendi que não se tratava do futuro. Tratava-se de ressignificar o presente.

A pausa, que estava sendo uma prática mundial e efetiva no combate daquele vírus que dizimava populações, era um convite ao recolhimento, mas era algo com o que não estávamos habituados. Era uma nova maneira de viver, sabendo que a vida não seria a mesma quando voltasse ao normal. O que chamávamos de normal já não existia mais.

Enquanto para alguns isso criava uma sensação de insegurança tremenda, para mim começou a fazer sentido a partir do momento em que entendi que precisávamos ressignificar tudo em nossas vidas. Era o momento certo de encontrar um novo significado.

Enquanto vivíamos a preocupação com a incerteza do futuro, não usávamos nossos talentos e habilidades para encontrar um sentido inédito para o presente. Muitos, em vez de aproveitarem o momento para criar um novo futuro com base na vivência do presente, se dedicavam incansavelmente a fazer projeções do futuro.

Nesse momento, houve um divisor de águas. Comecei a perceber que ressignificar a vida seria uma das atitudes mais humanas a tomar para concluir o despertar. Não podíamos nos render ao pandemônio que aquela situação promovera.

Aproveito para prestar meus sentimentos a todos que perderam entes queridos e conhecidos durante a pandemia, que Deus traga a paz que excede todo entendimento, confortando de alguma forma vossos corações e que vençam o luto seguindo em frente.

O primeiro movimento que convido você a ressignificar é a maneira como você se posiciona no mundo.

Foi assim que a transição do Marquinhos, fanfarrão que queria de qualquer forma se moldar para caber no mundo, para o Marcos Zanella, pai, palestrante e agora escritor, se deu. Quando me posicionei, senti um clique em meu coração. Talvez fosse o som do amadurecimento, ou quem sabe o de um casulo finalmente se rompendo. Quando me posicionei diante de mim mesmo, me enfrentei e olhei fundo nos meus olhos, pude perceber a verdade que rasgava meu peito: o medo de ser quem eu era já não precisava mais me proteger!

Agradeci por tantos anos de cuidado, e carinho também, e me despedi daquela prisão, em que insistia tanto em ficar, rumo ao meu despertar. Ali, frente a frente comigo mesmo, mirando meus olhos no espelho, encontrei uma pessoa que me conhece muito mais. Finalmente pude me amar.

Muitos de nós agem no automático, vão fazendo o que todo mundo faz. Para viver, para ganhar dinheiro, para se destacar no mercado da sua área de trabalho, e não conseguem perceber que boa parte das ações não está sendo pautada pelo coração. São apenas condicionamentos ou tentativas de estar inserido em algo.

Pouca gente cria algo novo. A maioria repete o que os outros estão fazendo, afinal estamos condicionados a acreditar que, quando alguém está realizando alguma coisa, aquilo é mais seguro do que realizar seu próprio caminho.

Quando ressignificamos a maneira como estamos habitando o mundo em que vivemos, entendemos quem somos.

Ressignificar é um método que utilizamos em programação neurolinguística para fazer as pessoas serem capazes de atribuir novos significados a acontecimentos por meio da mudança de sua visão de mundo, levando subsídios atuais ao momento passado a ser ressignificado.

O desafio de ressignificar passa por uma experiência nova, e, diante daquele momento em que estávamos em seis pessoas vivendo uma quarentena dentro de uma casa, percebíamos que as tarefas cotidianas pareciam nos engolir. Todos nós que administramos uma casa ou uma empresa sabemos disso: se não pensarmos estrategicamente, ficamos presos a tarefas cotidianas e repetitivas que nos levam a perder todo o nosso tempo e energia.

Mas como sair desse dia a dia que nos empurra para um buraco sem fim de tarefas que nos sufocam?

Eu acredito que o ser humano tem uma capacidade inata de pensar e vislumbrar um sentido maior para tudo. Ele é capaz de se transformar e de transformar uma realidade quando dá um novo significado a ela.

Sair da esfera em que nos encontramos e usar a energia criativa na busca de um sentido e um significado maior para tudo aquilo que fazemos nos coloca em outra posição. Nos permite enxergar a vida sob nova ótica. Nos permite perceber outro ponto de vista.

Se transcendemos o dia a dia, não ficamos reduzidos ao papel de administradores de rotina e conseguimos encontrar um novo significado para uma vida material que suga nosso tempo e energia.

Todos nós temos a capacidade de abstrair-se do plano diário e de encontrar um novo significado para a própria vida, notando que podemos criar o presente e o futuro que fizerem sentido para cada um de nós.

Quando entendemos essa capacidade de ressignificar a vida ao nosso redor, podemos ser mais generosos conosco mesmos e com as pessoas que nos rodeiam. Podemos entender que existe um novo futuro, delineado quando não estamos presos em nossas limitações. Podemos ir além daquilo que temos no momento.

No tempo em que eu escrevia este livro, muitas pessoas passavam pelos maiores desafios de suas vidas. A maioria delas não tinha tido qualquer contato com o vírus ainda, mas estava intoxicando suas mentes com o medo, que fazia a vida emocional se tornar insuportável.

As pessoas não estavam sendo capazes de encontrar um novo significado para aquele momento, e isso as fazia crer que estavam presas a um futuro fatalista, cheio de crises econômicas e pestes mundiais.

Mas a maior peste era a emocional. Ela que fazia muitos ficarem inativos em suas casas, imaginando cenários que poderiam jamais acontecer, e, ainda que acontecessem, nem sequer alguma ideia de como resolvê-los. As pessoas estavam, ao menos a maioria, imersas no problema sem enxergar a solução. E, sim, a economia se tornou um caos com o passar do tempo, empresas quebrando, falta de emprego, e tudo isso com um vírus letal se espalhando depressa. Demorou um tempo para o foco começar a sair do medo para a vacina, por exemplo, ou qualquer outra medida que se conectava com a solução e não apenas remoía o problema. Perdemos entes queridos, muitos de nós, é verdade, contudo lhe indago: como será que os que se foram desejariam que você continuasse sua vida? Com medo? Seguramente não era assim.

E é ressignificando que podemos mudar tudo. Isso é diferente de ignorar a realidade. É mudar a reação ao acontecimento, aceitando os fatos, sem ficar num estado de ansiedade.

Quando escolhemos ficar resmungando em vez de observar novas perspectivas, nos tornamos reféns dos acontecimentos. E a vida sempre será uma possibilidade de resolução de problemas. É nas crises que podemos buscar ainda mais significados para as coisas. Foi em meio à maior crise pessoal que já vivi, durante essa cruel pandemia, que eu me aproximei de Deus e tudo se fez novo! Ei, preste atenção: não estou dizendo que é fácil! Estou apenas te falando que é possível e que você também pode! Talvez deva!

De fato, a pandemia que vivemos foi uma situação difícil, mas ela pode ser vista por um outro prisma. Podemos observar como o momento de pausa na humanidade nos fez crescer como seres humanos. Uma oportunidade de nos aproximarmos do Criador.

Quando observamos as crianças, percebemos como somos pequenos diante da sabedoria delas. Meu filho João, por exemplo, tem a capacidade inata de fazer a vida ser mais leve, diante de qualquer desafio. Ele abre o que carinhosamente chamamos de "sorriso de dentes" e naquele momento aquece o coração de todos a sua volta, na pureza do "ser criança". Isso acontece pois ele não usa o racional o tempo todo para validar ou limitar o que sente. Não busca respostas ou lógica em tudo; ele simplesmente vive o acontecimento conforme a vida vai proporcionando aquilo.

O que eu quero dizer para você é que eu, quando criança, também já tive essa facilidade. Assim como você.

Todos nós fomos crianças, imaginávamos realidades paralelas, passagens secretas e vidas incríveis enquanto brincávamos. Por que deixamos essa capacidade de lado ao crescer? Onde podemos resgatar esse olhar?

Dentro de nós mesmos! Fazendo o exercício de nos reconectarmos com essa criança interior. Com esse menino que ficava feliz quando estava com os pais, quando tinha momentos especiais, quando percebia possibilidades diante de coisas que os adultos não eram capazes de enxergar.

As crianças têm uma espécie de imunidade contra a dificuldade. Elas conseguem transcender os desafios e ressignificar todos os momentos. São capazes de trazer uma nova ótica, de fazer do obstáculo um brinquedo, são adaptáveis, transformadoras, e criam um mundo novo quando os adultos não podam suas capacidades criativas e anulam sua potencialidade.

Hoje, meu convite é que você possa ressignificar tudo o que quiser na sua vida. Ressignifique seu trabalho, sua rotina, traga um novo significado a tudo que faz e faça de uma maneira que te permita ser livre para construir uma ponte diante do que muitos consideram ser um abismo.

Cabe a você construir um novo mundo. Enquanto muitas pessoas se apavoram diante do que desconhecem, use sua capacidade de enxergar além, de ver o que ninguém está vendo, e é ali que você vai descobrir as chaves para um mundo novo, talvez na contramão de tudo ou bem na sua frente. Talvez sendo referência para quem vier depois.

Pense com o coração e crie possibilidades e novos significados para a vida que te espera ali adiante. E, se quiser ir ainda mais fundo, busque conhecer o significado que o Espírito Santo tem para sua vida! Entregue-se aos direcionamentos dEle, ouse viver no centro da vontade de Deus.

Minha grande ressignificação talvez tenha sido perceber que eu podia confiar em mim, e do que, até ali, era meu defeito, nascer uma grande qualidade. Te explico melhor. Desde muito pequeno, familiares, amigos, pessoas próximas, reclamavam, às vezes brincando, às vezes não, muitas vezes na minha ausência, sobre o quanto eu falava e também da minha intensidade em tudo que eu fazia. Resumo: "Fala muito e é muito intenso, ninguém aguenta". Cansei de ouvir coisas desse tipo. Mas alguma coisa dentro de mim não percebia da mesma forma; algo sempre me levou a ir mais fundo em tudo que fazia, a compartilhar ideias. Minha mente sempre foi rápida e gerou insights, e eu os compartilhava da mesma forma. Achava que aquilo que veio a minha mente, aquela ideia, podia acrescentar, por isso compartilhava.

Passaram-se anos dessa forma, até o dia em que ministrei meu primeiro curso e ressignifiquei essa marca ruim que me fora colocada, melhor dizendo, que EU aceitei que me fosse colocada. Lá, falei bastante, compartilhei tudo que veio à minha mente, fui MUITO intenso. E foi dessa forma que atingi o coração dos meus alunos, conduzindo-os a ressignificar as próprias vidas, enquanto eu ressignificava a minha. Falar e compartilhar com intensidade é uma das minhas HABILIDA-DES para fazer com excelência o que eu faço hoje. Sou grato por ter inconscientemente confiado nesse sinal de que aquele meu jeito tinha um propósito de ser. Sou grato por não ter, nesse ponto, diminuído para caber na medida que os outros criaram para mim. Era mais forte que eu, uma convicção que eu mesmo não poderia calar, tamanha a sua intensidade; era Deus mostrando o caminho, hoje eu sei.

E o que você pode fazer para começar esse caminho da ressignificação?

A primeira coisa que digo a você é: HONRE E RESPEITE a sua jornada. Você é a maior autoridade para falar da sua própria história. Assim, te desafio: conte sua história para você mesmo, com amor.

Para tanto você precisará exercer a tríade do A:

1. Autoperdão.
2. Autoamor.
3. Acolhimento.

Perdão consiste em você se desvincular de acontecimentos, histórias, rusgas, que carrega no seu íntimo e te envenenam lentamente, dia após dia. Perdoar é abrir mão, é escolher deixar ir. Autoperdão é fazer o mesmo, só que com as suas atitudes equivocadas ou que precisam ser superadas. O autoperdão é essencial para evitar um grande vilão: a culpa!

Costumo dizer que a culpa é como uma mochila cheia de pedras, que é pesada e inútil, pois você a carrega por aí para todo canto e não usará essas pedras para nada.

Tudo bem se, na hora em que ocorre algo ruim ou errado, a raiva aparecer. Somos humanos e falíveis, estamos em constante aprendizado. Aprenda com o erro que ele deixará de ser erro. A raiva passa ao respirar com consciência. Agora a mágoa, que é o grande veneno, essa é opcional; carrega quem quer. Então se perdoe e se livre da mágoa, essa mochila pesada.

Ahhhhh, o amor... ele é tudo! Deveria ser *sine qua non* na vida de todos nós, e de fato é quando não o atrapalhamos. Amor é vida, para mim é muito mais do que sua definição nos brinda: um sentimento de afeição, carinho e afeto que se desenvolve entre os seres. Vai muito além disso. Amor é cura, é reparador, é construtor, é talvez o segredo da evolução do nosso mundo e estilo de vida. Importante esclarecer que o Amor é abundante, não vai faltar se usar...

"O amor só faz conta de multiplicação", frase usada em casa ao explicar como ou por que tanto filho. Faz todo o sentido para mim. Quanto mais eu amo, mais amor eu tenho. Quanto mais amor eu dou, mais amor eu recebo. E o tenho para mim também. Hoje entendo a importância do autoamor. Como amar, como exigir ser amado, como falar de amor se não o tivesse por mim? Que amor é esse que você diz sentir mas não o faz por você mesmo? Perceba a soberba desse ato: seu amor é bom para o outro mas não é bom o suficiente pra você mesmo? O que te faz tão melhor assim a ponto de o amor não ser digno de você mesmo? Autoamor é a luz que brilha no ambiente, muitas vezes escuro, da ressignificação.

Acolhimento... Acolher é aceitar, é anuir, é dar consentimento. Acolher é dizer: está tudo bem! E o acolhimento é algo crucial para que sua vida siga seu rumo. Se você não se acolhe, está convidando a todos a sua volta a fazerem o mesmo. É o que falta para que você deixe de ser um pária da própria vida. Lidere e eles te seguirão; mostre a você que se acolhe e o convite aos que você ama será automaticamente enviado.

Vamos à prática? Se você tem dificuldade com um dos A's acima, use essa mesma técnica com cada um e encontre a autonomia para ressignificar algo. Escolha uma pessoa que você perdoou, ou que ama, ou ainda que acolheu. Percorra o caminho da estratégia e descubra como você fez para perdoar, amar e acolher essa pessoa. Feito o diagnóstico, aplique-o em você mesmo.

Não há como modificar o que já foi, mas há como mudar como você se sente em relação a isso, e construir uma nova história. Dê novos significados, encontre e ande por novas rotas, permita que novos caminhos se apresentem.

Ouse ir fundo dentro de você. Daí então sua vida está prestes a se transformar.

Eu não tinha mais medo de escutar
aquela voz. Ela já não me assombrava.

Conversávamos, ela falava e eu a ouvia.
Não havia julgamento.

Eu a acolhia e, aos poucos,
me transformava naquele menino.

Eu sabia que ele me dava pistas
de como ser melhor. De como viver
a vida. De como encarar os problemas
e criar soluções. Ele compartilhava
sua essência.

Esse menino tinha sido sufocado
durante tanto tempo que tinha até
dificuldade de falar.

Mas era chegada a hora de
ele novamente ganhar voz.

Eu não tinha mais tempo a perder.

TRANSFORMAÇÃO

Você está a uma escolha de transformar a sua vida.

Talvez neste momento você esteja passando por um processo de transformação. E, em meio a esse turbilhão, tente esconder isso das pessoas ao seu redor. Você sofre em silêncio, chora no banho, sente que não pode mais sustentar tal situação, afinal sabe que, se continuar vivendo da maneira que vive, será uma grande e dolorida mentira.

A grande responsabilidade que nos é exigida quando somos chamados a crescer é que entendamos que cada um de nós é responsável pelo seu próprio despertar. Eu não posso despertar o outro com uma varinha de condão. Posso estender a mão e fazer você enxergar o caminho, contudo precisa atravessar essa porta sozinho. A real transformação é pessoal e intransferível; é você quem deve dar o passo. Costumo dizer que posso fazer muito pelo outro, menos a parte dele.

Eu me sentia numa incubadora, dentro de um casulo, protegido do mundo, mas confiante de que mais uma transformação estava prestes a acontecer. Vejo novas possibilidades, e percebo que a renovação cada vez mais está relacionada ao nosso posicionamento no mundo.

A vida muitas vezes nos dá um tapa para que possamos acordar. Isso quer dizer que as oportunidades surgem pelo nosso caminho e carregam a possibilidade de nos transformar, mas nem sempre estamos conectados aos sinais que nos levam à transformação. Ou será que todos nós sempre somos convidados para essa metamorfose, mas não estamos munidos com a coragem necessária para ativar as mudanças que são primordiais em nossas vidas?

Escrever este livro durante uma pandemia mundial fez com que as reflexões ficassem ainda mais intensas. Se o lema é despertar, a transformação passou a ser a ordem do dia. Enquanto empresas morriam, relacionamentos morriam, status morriam, muitas pessoas perceberam que a morte de certas coisas era necessária para que algo novo pudesse renascer.

Falo muito nas minhas palestras sobre a diferença entre viver e sobreviver. Muitos de nós sobrevivemos. Repetidas vezes, dia após dia. Somos reféns da rotina que criamos e não paramos para refletir se aquela rotina nos traz paz e se está conectada com aquilo que desejamos para a nossa vida.

Quando as autoridades decretaram a quarentena obrigatória e as pessoas passaram a habitar suas casas, entendendo que teriam que lidar com seus medos e angústias, com as pessoas com as quais se relacionam e com os problemas que nasceriam com a crise, poucos entenderam que era um período de oportunidade para o amadurecimento de ideias, revendo velhos conceitos e transformando o que já não existia mais.

O que machucava durante a quarentena? Obviamente, além das inestimáveis perdas, ver muitas pessoas passando fome, buscando fazer algo durante o dia para tentar se alimentar à noite. Ao mesmo tempo, ver a solidariedade brotando de lugares inimagináveis aquecia nosso coração. Qual o motivo de muitos de nós só despertarmos para a fome do outro em momentos como este?

Começou-se a perceber, em um primeiro momento, que, apesar das grandes dificuldades, as pessoas com menor poder aquisitivo pareciam lidar melhor com aquela situação de incerteza do que as endinheiradas. Talvez por estarem mais acostumadas à escassez e ao "corre" de cada dia. Isso trazia a eles uma vantagem: resiliência. Só quem não viu o bicho pegar de pertinho, na prática, não adquiriu resiliência ao longo da vida.

Foi evidente que muitas pessoas começaram a entrar em depressão pelos mais variados motivos. O primeiro deles é que não estavam mais vivendo dentro da zona de segurança.

É obvio que o dinheiro é um recurso indispensável em nossa sociedade e em nosso modo de vida. Ele é muito bem-vindo e facilita demais os percalços.

Contudo, eu te pergunto: será que é o dinheiro que nos traz segurança? O que faz um ser humano sentir-se seguro habitando o presente, mesmo que esse presente seja desafiador?

Corta para 2013, quando a minha filha Maria Luiza tinha apenas cinco anos. Estávamos na porta da UTI, e eu pensava o que faríamos caso ela viesse a piorar. Já tinha tomado seis tipos de antibióticos diferentes, o diagnóstico era impreciso, já havia derrame de pleura e pneumonia. Ela já tinha perdido metade do peso quando meu irmão mais velho lançou a pergunta:

— Se você tivesse todo o dinheiro do mundo à sua disposição, o que faria?

Ele tinha uma condição financeira muito melhor que a minha e estava se colocando à disposição para ajudar da maneira que eu achasse melhor.

Aquela pergunta me provocou. Eu observei o cenário. De nada adiantaria fretar um avião e levá-la para o melhor centro de atendimento do mundo; a Malu estava sendo bem atendida. Eu só queria que ela ficasse bem. Ali eu admiti que não se tratava do que o dinheiro poderia fazer, não naquele momento. Era o que Deus podia fazer e como ele podia agir em nossas vidas.

De fato, a recuperação dela foi milagrosa. Os médicos e enfermeiros usaram a palavra milagre repetidas vezes para explicar a sua cura. E naquele momento eu me transformei, uma vez que entendi que tinha tido uma oportunidade para rever os meus valores e observar o que importava em nossas vidas.

Nossa fé, nossa resiliência, a esperança, as correntes de oração, tudo isso foi salutar no tratamento da Malu, aliado à dedicação dos profissionais de saúde. Não ia ser o hospital X ou Y que salvaria a vida da minha filha. Ela estava bem amparada onde estava.

E vale sempre ressaltar: o dinheiro é um meio maravilhoso para galgarmos o que sonhamos, o que precisamos, para viver essa maravilhosa experiência chamada vida. Contudo, não se engane: dinheiro é um MEIO e não um dono. O seu dinheiro trabalha para você e obedece às suas vontades, e não o contrário.

Você pode estar se perguntando o que tudo isso tem a ver com transformação e eu logo te digo: transformar-se é permitir ser tocado pelo inesperado, por mais doloroso que possa parecer, e usar aquela oportunidade de dor para crescer e mudar os conceitos em relação à vida.

É exigido que nos transformemos diariamente, sobretudo quando estamos em momentos em que a segurança nos escapa das mãos. Quando a vida cobra que saiamos de um estado para o outro. Quando as coisas precisam ser quebradas para que possamos reconstruí-las. Quando todas as nossas crenças são colocadas à prova e é demandado que façamos da teoria a prática.

Hoje me sinto numa bolha. Num casulo, e percebo que o momento de transformação me conecta com Deus. Nesses momentos em que somos convidados a repensar nossas vidas e nossas prioridades é que nos conectamos com algo mais profundo, com a nossa essência e com aquilo que acreditamos. O fato de acompanhar a situação de saúde da minha filha num momento delicado fez com que eu me conectasse com outras coisas que estavam diante de mim implorando por atenção. Eu precisava agradecer mais e reclamar menos, precisava despertar individualmente e perceber o que estava construindo e deixando de construir na minha vida.

E muitas das transformações são assim: através da dor. Em momentos em que a gente não sabe o que está acontecendo e é convidado a olhar para dentro para encontrar as respostas. É nessas horas que a vida nos propõe a tomar atitudes diferentes das que tomávamos antes. Essas atitudes começam com pequenos movimentos que, de repente, se tornam parte de nós.

Agimos de outra maneira depois da mudança de percepção causada por um grande chacoalhão. E é necessário que sempre coloquemos a mão na consciência para entender que tipo de transformação a vida exige naquele momento.

Vejam meus pais, por exemplo. Dedicaram a vida à família, cuidando sempre da gente, fizeram um excelente papel... Só que crescemos, fomos buscar nossas próprias histórias. O caminho natural das coisas, a gente cria os filhos para o mundo e não para nós mesmos. Lembro do meu pai dizer, quando era jovem, que estava muito velho para algumas coisas... O tempo passou, sua idade dobrou e, inspirado pelo espírito aventureiro que minha mãe construiu ou reativou após perder seus medos (o de avião principalmente), foram aos setenta anos fazer um intercâmbio na Itália. Ficaram mais de quatro meses lá morando em um sobrado e indo para escola aprender italiano. Eles viajavam uma vez ao ano para a Itália por causa do trabalho do meu pai e aproveitaram a oportunidade para conhecer o mundo. Dessa vez, ficaram para estudar. E é muito bacana ver o italiano deles, a princípio "macarrônico", ir de fato se transformando em outra língua. E não pararam por aí. Se aventuraram em outro intercâmbio, dessa vez no Canadá, para aprender inglês. Contudo, eles mal se comunicavam em inglês. Passaram por percalços durante a estadia lá, inúmeras aventuras, cômicas de ouvir, mas difíceis de passar. Daria até um novo livro: *7.0 pelo mundo* — virou o Instagram deles para postar fotos das viagens.

E o que quero trazer com essa história em particular? Que não há idade para se transformar, para mudar sua vida, para encarar novos desafios. A mudança que busca habita em você, basta encontrá-la. Com mais de cinquenta anos de casados, três filhos e dez netos, meus pais encontraram uma nova vida depois de cumprir o que eles entendiam como missão: ser pai e ser mãe. E cumpriram a missão com excelência... Ainda cumprem... Estão todos bem.

Todos nós nos transformamos inúmeras vezes ao longo da vida. E, embora exista uma resistência natural às mudanças, é preciso que você saiba que se transformar é benéfico para a sua evolução, uma vez que o ser humano evolui quando se transforma.

Posso te dar o exemplo do que o Karatê representou e representa na minha jornada.

As artes marciais sempre estiveram ligadas à mim de uma maneira ou de outra, desde os filmes do Bruce Lee, que eu assistia com meu pai, até as aulas de judô no Clube.

O karatê surgiu na minha vida, ainda garoto, com oito para nove anos de idade. Destarte, me apaixonei não apenas pela luta, mas pela filosofia e disciplina, ou seja, a arte do karatê-dô.

Essa fascinante filosofia de vida ajudou a formar meu caráter e me ensinou valores como disciplina, respeito e perseverança. O chamado "caminho das mãos vazias" (significado da palavra Karatê-dô — Kara = vazio, Te = mão, Do = caminho) me mostrou como me defender da vida como um todo, me preparando para o que estaria por vir.

Lembro bem da emoção e do frio na barriga de encarar meu primeiro exame de faixa. Deixaria de ser faixa branca para me tornar faixa amarela. Mais responsabilidade, mais cobrança, mais postura. O karatê imita a vida, afinal não é assim que ocorre na prática? Vamos amadurecendo e conjuntamente as responsabilidades, cobranças e dificuldade aumentam também.

Após anos de aprendizado e muita prática, me vi, por circunstâncias da vida, obrigado a parar meu treinamento. Precisávamos mudar de casa na época, então tive que parar de treinar. Obviamente, no começo, foi muito difícil, como quaisquer mudanças na vida. Eu estava pertinho da tão sonhada faixa **PRETA**.

Com o passar dos anos esse sonho adormeceu, mas jamais me deixou. A vida, cada vez mais corrida, faculdade, trabalho, carreira, mulher, filhos etc. fez com que meu caminho se afastasse do karatê, ao menos era o que eu pensava. Engordei, perdi minha flexibilidade e boa parte de minha juventude. Mais de vinte anos se passaram.

Já com meus trinta e poucos, veio a necessidade de uma reforma íntima, e, refletindo sobre a vida, busquei um caminho de reencontro. Era mais uma vez a vida me chamando para a transformação. Visto meu kimono novamente. O corpo reage, reacendendo aquele frio na barriga, meu velho conhecido. Noto a conexão ao atar o nó da minha faixa. Sinto o Karatê (e tudo o que ele significa para mim) pulsando dentro do meu corpo. Naquele instante pude perceber que o gesto que faço nas preparações dos meus cursos, das minhas palestras, nada mais era que o atar do nó da minha faixa, uma explosão de força, coragem, humildade e presença.

Eu havia deixado o Karatê de lado, mas ele jamais me abandonara. E, no ápice da realização de um sonho, estou sentado em *seiza*, à minha frente havia oito professores faixas preta, meu Sensei e uma linda e guerreira garotinha de faixa branca. Era a Malu, e foi dela a responsabilidade de me entregar a faixa preta. Um momento inesquecível, uma honra para mim, e sem dúvida mais uma transformação ao longo da minha história. E por falar em honra, ainda garoto eu aprendi sobre as artes marciais e sem perceber fui também vivendo sob um código de honra dos antigos samurais do Japão Feudal, o *Bushido* (caminho do guerreiro). Vim a estudá-lo na vida adulta, às vésperas da conquista da faixa preta. E pude reconhecer muito da minha conduta em seus valores:

Gi (honestidade e justiça), **Yu** (coragem heroica), **Jin** (compaixão), Rei (cortesia educada), **Meyo** (honra), **Makoto** (sinceridade completa) e **Chugo** (dever e lealdade).

Para você que pode estar se perguntando o que é estar sentado em *seiza*, explico: é uma postura que faz parte da cultura japonesa. Consiste em ajoelhar e sentar nos calcanhares. É um padrão secular muito utilizado no karatê. Essa maneira de sentar denota respeito, disciplina e carrega consigo a representação da humildade.

O importante aqui é notar que durante nosso caminho são várias as transformações a que nos submetemos.

Provavelmente você não é o mesmo de um mês atrás. Consumiu novas informações, esteve com outras pessoas, criou novos hábitos, e isso faz de você alguém diferente. Quem não muda não consegue se adaptar ao mundo em constante mudança e sofre, uma vez que resiste. Qual o motivo de querer continuar preso à carcaça de quem você era antes?

Quando a vida nos traz dores que parecem ser maiores do que podemos suportar, é preciso que entendamos quanta dose de mudança ela está exigindo que façamos naquele momento.

Conheço pessoas que sofreram acidentes terríveis e, ao saírem com vida, transformaram-se por completo. Todas elas dizem que o acidente provocou uma reflexão que jamais teria acontecido em outra circunstância. É como crescer na marra.

Muita gente, depois de passar por enfermidades, também relata uma mudança de perspectiva. E eu te pergunto: qual a necessidade de sermos estapeados pela vida para que entendamos que é preciso fazer transformações? Que tal fazermos antes que a vida nos convide a quebrar tudo e romper com o velho?

Hoje vejo um Marcos que vai para a frente, contudo, às vezes, dá voltas em torno de si mesmo e retorna para o mesmo lugar, a mesma zona de conforto. E, quando coloco os pingos nos i's, entendo como preciso cada vez mais refletir a respeito das transformações e mudanças de rota que preciso fazer.

Desde o início dos tempos, a nossa vida é dividida em fases. E precisamos atribuir à vida física um sentido espiritual para que possamos estar preparados para o que nos espera. Se você notar, antes de uma grande transformação você já sente no ar que algo vai acontecer. Dentro de você, uma inquietação, um desassossego, algo que mostra que um ciclo está para terminar.

Esses ciclos, que nos convidam a uma readequação, nos preparam para que entremos na próxima fase de nossas vidas. E, com a transformação, muitas vezes vem o medo, afinal, vem também o novo. Vamos cumprindo tarefas e chegando ao estágio seguinte, com a força necessária para nos despirmos da casca que não nos serve mais. Só que tudo isso acontece dentro de nós, onde nos escondemos dos outros.

Quando trabalhava numa grande empresa e decidi sair, foi diante dessa transformação que me posicionei. Eu via coisas que feriam meus valores e percebi que o posicionamento era importante. Transformar é se posicionar. É não estar onde não cabe mais.

Você se transforma quando se posiciona na vida e nas situações. E se posicionar na vida não é fácil. Essa é a transformação que mais exige coragem de nós.

Se adaptar é ser um triângulo e tentar se encaixar num quadrado. Sei disso porque a vida inteira me retalhei para caber onde não cabia. Nasci na família redonda, tinha amigos quadrados. Achava minha família e meus amigos os melhores, e ainda acho, mas não via que eu era um triângulo, e, ao invés de preencher, eu não estava inteiro em nenhum momento. Sempre estava mutilado, disforme ou desconfigurado. Nunca estava na minha forma original.

Conforme o tempo foi passando, eu vi que não dava mais para criar novas formas de mim para caber onde eu não pertencia. E foi aí que percebi a dimensionalidade da coisa. Eu não era um triângulo. Eu era uma pirâmide. Eu não era o que achava que era.

Ali me transformei e te convido agora a fazer o mesmo: abandone quem você acha que é, quem as pessoas acham que você é. Vou além: deixe de lado também o que acha que gostaria de ser e simplesmente seja aquele que Deus disse que você é!

E, aí, finalmente você relaxa e já não importam mais as formas das pessoas que cruzam a sua vida, e sim a forma que Deus tem para você. Pare de tentar ser o outro e finalmente seja quem é! Uma vez que você é único, que não há nenhuma pessoa neste mundo igual a ti, não te parece óbvio que você foi feito para ser você mesmo? E, quando ouvir que somos todos iguais, entenda que isso se dá por não haver ninguém melhor que ninguém, pois de fato há uma unicidade em você; vide suas digitais, seu tom de voz. Tome posse de si!

Eu quis ter a vida toda, e, quando comecei a ser, percebi que podia caber em qualquer lugar, desde que eu não mudasse minha essência para isso.

Entenda que a sua luz nunca será roubada: o Espírito Santo o guiará para o melhor caminho, se permitir transformar e aceitar seu direcionamento, em vez de adormecer. O poder não vai ser enfraquecido quando você se transformar; ele vem de Deus, Ele será a sua força. É nessa descida, aos nossos dramas pessoais, que percebemos os maiores mistérios acerca de nós mesmos. É nesses momentos que percebemos que os planos do ego fogem das nossas mãos e que as grandes mudanças só acontecem quando nos despedimos da vida como a conhecíamos. Nos envolvemos verdadeiramente com o maior aprendizado de nossa vida e entendemos que vale a pena persistir num novo caminho.

Tudo e todos tentarão ardentemente atrair você para o estado da inconsciente mesmice, mas chegou a hora de observar que essa jornada pode ser solitária e talvez assim você sinta parte da vida que está à sua volta. Como se tudo desmoronasse ao seu redor.

Muitas vezes a transformação vem acompanhada de um tormento na alma. E sentimos que estamos nos aproximando da morte — e talvez estejamos, porque parte de nós morre na transformação. Mas nesse processo existe uma surpreendente força que não nos deixa desistir. Uma firme convicção daquilo que não posso ver ou ouvir. Chama-se fé.

Durante a transformação, muitas vezes sofremos com exigências externas que tentam nos frear. O inimigo se levanta contra nós, mas essa é a oportunidade sagrada de entender quem Deus disse que somos, de perceber como estamos sedentos por uma nova vida, de deixar de lado a angústia, a sensação de desconforto provocada pelo medo. Então nosso instinto passa a nos conduzir para um retorno à nossa essência, ao que deveríamos verdadeiramente buscar.

Transformar-se é entender que chegou a hora. Deixe de ser apenas pedaços, a sombra, o vislumbre da sua essência. Você vai se perceber após sentir esse chamado. Todos nós somos capazes de reconhecer a necessidade de transformação quando ela chega.

Tive uma aluna, muito querida, que vivia em uma prisão sem grades. Presa no peso que ela carregava por seu sobrenome. Filha de um juiz renomado em seu meio, irmã de um promotor de justiça, ela acabara de passar na temida prova da OAB, minha velha conhecida. A pressão familiar, dos amigos, de todos em seu convívio era tão grande que foi aos poucos encurralando-a em uma obrigação de passar em um concurso para ser juíza, afinal bastava olhar para o sucesso da família. Estudiosa, guerreira, a aluna encarou essa luta, mas vinha perdendo algo muito importante: sua identidade. Ela já não tinha mais nome, era apenas a filha de Cicrano e a irmã de Beltrano. E estávamos na sala do curso, no horário do almoço, quando ela escolheu se transformar. Em uma dinâmica, que eu acho incrível, eu a conduzi de volta em sua história a fim de ressignificar alguns pontos. Após ressignificação foi que veio a catarse da transformação: pedi a ela, emocionada, que se libertasse do peso que carregava, e para tanto bastava dizer o próprio nome, reassumir sua identidade perdida. A aluna não conseguia; sua voz a abandonara numa última cartada desesperada da mente de tentar manter o padrão que se instalara e era reforçado dia após dia por aqueles que mais a amavam.

— Diga seu nome! Eu sei que você consegue, grite seu nome.

E, depois de uma respiração profunda, muita coragem e emoção um grito ecoou por toda a sala, arrisco dizer que por todo o hotel onde acontecia o treinamento. Um grito de liberdade, de reconexão, um grito de alforria.

— FULANAAAAAAAAAAAAAA.

E naquele momento algo inusitado aconteceu, acabou a energia do andar, apagou a sala toda, deixando tudo escuro. Ali, no escuro, com um choro contido havia anos, nascia uma nova pessoa. Era o sobrenatural do Espírito Santo agindo, o milagre da reconexão pessoal.

Costumo dizer que você está a uma escolha de transformar a vida, e sou um privilegiado. Eu contemplo muitas transformações dentro dos treinamentos que ministro, e hoje sei que sou usado por Deus como um agente da mudança que apenas Ele pode promover na vida dos meus alunos.

Guiá-los nas suas transformações é algo que alimenta minha alma, me faz sentir vivo.

A transformação pode se dar de muitas formas, tudo depende do que deseja, e talvez seja aí o início, um desejo intenso.

Em outro curso, uma aluna também escolheu se desafiar, ir além das suas crenças. Era uma dinâmica que envolvia muito controle mental e esforço físico, não era simples, mas efetiva e libertadora. E ela se esforçou, expurgou ali seus medos, suas crenças limitantes. Lá percebeu o valor da presença e das escolhas. Ela sofria dores fortes e diárias, pois convivia com uma fratura no sacro. E, imbuída de coragem e desejo pela mudança, colocou para fora todas as dores que ela somatizava (a ponto de gerar essa lesão). Me contou depois que vinha numa onda de muito sofrimento, sua sogra e o padrasto do marido faleceram de câncer com apenas três meses de diferença entre uma perda e outra. A aluna se permitiu colocar para fora as dores dessa passagem difícil da vida. Entendeu por que havia fraturado o osso. Ela e o marido haviam carregado seus entes queridos naquela árdua luta contra a doença. E então, ali, ela deixou a dor ir, havia aprendido a lição que carregava. Essa aluna ainda me disse que mal conseguia calçar os tênis, vestir a calça. Precisava de ajuda para tudo, e no seu íntimo às vezes se sentia muito mal com tudo aquilo. A transformação interna dela fora sentida fisicamente. Deus é, sim, um Deus de cura! Ali, exausta depois da dinâmica, ela já não sentia mais as dores. A mulher entendeu que vinha escolhendo senti-las, e, logo que teve ciência disso, fez uma nova escolha. E só foi possível pois estava atenta aos sinais e presente no processo. Ela viveu a experiência que a levou às dores de sua alma, que impactavam seu corpo e transformou um período de martírio e tristeza em saudade... Ser quem ela era, sem medos, sem dores... E assim foi feito.

Não há mágica, é apenas a congruência da nossa mente, corpo e espírito, e, claro, a ação maravilhosa e misericordiosa de Deus... Quando nos alinhamos por completo, desafiamos os nossos limites e atingimos as transformações que desejamos.

Preste atenção no que está acontecendo na sua vida, no rumo que as coisas estão tomando. Como se sente em relação a ela? Pare de se esconder e de lutar contra você mesmo, faça as pazes com seu íntimo. Dê pequenos passos, sempre digo que grandes coisas são formadas de várias pequenas coisas juntas. E a cada vitória interior, por menor que seja, comemore, assim você vai se acostumando a vencer. Importante manter a constância em seu processo de autoconhecimento. Você vai encontrar muitos abismos, caminhos tortuosos e até mesmo semáforos vermelhos. Respire, siga sua direção, tenha fé de colocar o pé no abismo, lembra? Assim, Deus se encarrega de deixar os semáforos verdes novamente.

Acima de tudo, RECEBA. Receba tudo o que a transformação tem a lhe oferecer, abra os braços para a vida.

Permita-se despertar.

Eu já não sabia quem era. O menino e eu tínhamos nos transformado em um só. Ele falava, eu ouvia, e ainda havia medo na nossa conversa. Muitas dúvidas ainda pairavam:

O que as pessoas vão pensar?

Ainda faltava.

Qual o motivo de eu não ter aceitado aquela criança?

O que faltava?

Por que eu não tinha aceitado quem eu era?

A

ACEITAÇÃO

É hora de aceitar quem Deus disse que você é.

Muitos de nós, com medo de não sermos aceitos, somos bonzinhos demais. A rejeição nos assombra, e reagimos de forma quase humilhante. Nos dobramos. Fingimos que cabemos naquele estereótipo e saímos andando pelas ruas. Dizemos sim aos outros e ao mesmo tempo um sonoro não a nós mesmos. Com medo da rejeição, pisoteamos nossos valores diversas vezes. Cada vez que faço algo só para caber, que um sim sai da minha boca com gosto de não, é um pedacinho de mim que ignoro e descarto. E não é incomum as pessoas dizerem "é que eu não sei dizer não". Bobagem! Você diz não todas as vezes, só que para você mesmo quando deveria ser para o outro. Logo, você SABE dizer não; só precisa melhorar a mira para acertar o alvo, já falamos e cabe ressaltar uma vez mais esse ponto.

Mas estamos ansiando pelo despertar. E esse despertar só chega quando estamos no estado de aceitação de quem somos. Quando aceitamos, acaba a angústia, acaba aquele desconforto. Paramos de viver divididos, paramos de deixar que as outras pessoas conduzam nossas vidas, paramos de criar desculpas em torno dos filhos, paramos de criar histórias de sacrifício, como se fôssemos mártires ou vítimas da vida.

O TEMPO DE SOFRER ACABOU!!! Eu repito isso de forma insistente em meus treinamentos e atendimentos.

Aceitar é também tomar consciência.

Tomar consciência de muita coisa armazenada tão no fundo que passa despercebida pela mente racional, contudo é profundamente sentida pelo inconsciente.

Aceitar é entender que preciso me tornar consciente dos sentimentos duros como raiva e ódio e que o perdão prospera.

177

Necessito me tornar consciente da minha insensibilidade. Crianças, muitas vezes, são insensíveis com seus pais e vice-versa. Será que estou causando muita dor em outra pessoa? Somos ignorantes da dor que causamos aos outros, afinal só podemos falar sobre a nossa experiência e não sobre a do outro.

Devo me tornar consciente por amar e ser amado. Queremos amar nossos pais e que eles amem apenas a nós, queremos ser filho predileto, o neto mais importante, e isso não funciona dessa forma.

Tem uma parábola que conta que, certa vez, no piquenique das tartarugas, elas levaram dias para encontrar o local ideal para a refeição, e assim que chegaram descobriram que haviam esquecido o sal. Então decidiram que a tartaruga mais jovem fosse buscá-lo, e ela, por sua vez, impôs uma única condição: que não comessem até que ela voltasse, e todos concordaram. E assim ela partiu. Passou um mês, dois, seis meses... a tartaruga mais velha, já faminta, pediu que dessem a ela apenas uma mordida de um lanche para acalmar a fome, e novamente todas concordaram. Então ela pegou o lanche e, ao levá-lo à boca para a primeira mordida, a pequena tartaruga, a mais nova, salta por detrás de uma árvore e diz:

— Estão vendo? Eu sabia que não iriam me esperar, por isso nunca fui buscar o sal!

Quantas vezes fazemos exatamente a mesma coisa conosco? Será que você tem ido buscar o sal? Será que não vem criando e construindo oportunidades e ensejos para apenas se vitimizar e justificar a falta de amor que acredita sentir? Vou além: será que você deixa as pessoas te amarem?

Será mesmo que você não é amado ou apenas se esforça para acreditar nisso?

É chegado também o momento de me tornar consciente da minha inautenticidade. Perceber as mentiras que conto para mim mesmo! As fábulas que habitam meus pensamentos, turvando minha percepção do que realmente importa. Quero simplesmente ser amado.

E tomar consciência da minha natureza julgadora.

Como na metáfora dos vizinhos:

Mudou-se para casa ao lado um casal. Um dia, na cozinha, a mulher viu a vizinha estendendo a roupa e se espantou de como ela não sabia lavá-las, pois estavam muito sujas. Comentou com o marido, que nada falou. Dois dias depois o episódio voltou a se repetir, e as roupas voltaram a ser penduradas aparentemente sujas. E a mulher seguia falando para o marido, que nada respondia.

Passado um mês, ela olhou para a vizinha estendendo a roupa e notou que ela finalmente aprendera a lavá-las. Perguntou ao marido o que será que havia acontecido. Dessa vez, ele falou:

— Quer mesmo saber o que aconteceu?

E ela disse:

— Sim, claro!

— Ok — disse o marido. — Hoje eu levantei mais cedo e limpei as janelas da cozinha.

Como anda a janela pela qual você enxerga a vida?

Preciso ainda me tornar consciente da minha ingratidão! A ingratidão comigo mesmo é gigante. Estou sempre arrumando uma maneira de me descredenciar ou não me dar valor, ou de sequer ser grato pelo que tenho e principalmente pelo que sou. Se não sou o que eu gostaria de ser, eu sou o que preciso ser e talvez, só talvez, eu não seja grato por isso.

Tomar consciência das nossas faltas é dar mais um passo no rumo da aceitação.

É chegada a hora de efetivamente assumirmos quem Deus nos criou para ser. E, claro, todos teremos dificuldades na vida; faz parte. Vivemos intensamente. Às vezes ficamos nas trevas até encontrar a luz. Outras vezes precisamos ficar lá por tanto tempo que nos acostumamos com ela, e assim nossa visão se amplifica e dessa forma conseguimos circular por todos os espaços sombrios de sua alma. Reconheça todos os personagens que criou para si mesmo e, fundamentalmente, AGRADEÇA esse período, afinal talvez somente assim você tenha aprendido a valorizar a luz, a recebê-la em sua vida. Reúna todos eles e crie uma força sobrenatural — e é a essa força que dou o nome de DESPERTAR.

Certa vez li em um livro uma história que gostaria de reproduzir aqui para ilustrar algo comum em nossa sociedade e que durante muito tempo também aconteceu comigo. Era a história de um homem que foi a um alfaiate para experimentar um terno. Quando ele se viu diante do espelho, percebeu que o colete estava irregular na parte inferior.

— Não se preocupe — disse o alfaiate —, é só puxar a ponta mais curta para baixo com a mão esquerda que ninguém vai notar.

O cliente começou a fazer isso e percebeu que a lapela do paletó estava com a ponta enrolada. O alfaiate disse:

— Ninguém nem vai ver isso. É só virar a cabeça um pouco e segurar com o queixo.

Ele fez isso e também viu que a costura da perna estava curta. O alfaiate deu a ideia de puxar o gancho da calça com a mão direita que tudo ia ficar bem.

O homem saiu dali com o terno que não tinha sido feito para o corpo dele, mas insistiu em acreditar que dava para vestir aquilo e, pior, decidiu usá-lo. E no dia seguinte saiu com o terno, segurando o colete com uma mão, puxando a calça com a outra e virando a cabeça para segurar a lapela.

Dois homens o observaram e um deles disse:

— Olha só, coitado daquele homem estropiado...

O outro retrucou.

— Ele está estropiado... mas usa um terno muito elegante...

O que essa história nos mostra é que muitos de nós queremos vestir uma máscara de impecabilidade a qualquer custo — o tal do terno bonito que todo mundo acha incrível. Esse terno é a casa que não podemos pagar, o carro para mostrar para as visitas, o emprego que não tem nada a ver com a gente, a família perfeita que insistimos em mostrar nas redes sociais em vez de cuidar dela na vida real. O terno perfeito que não é feito sob medida, mas no qual nós nos diminuímos para caber, é a estrutura que criamos que faz com que tenhamos de abusar de nós para tentar manter.

Quando fingimos que está tudo na mais perfeita ordem, esquecemos de olhar com sinceridade para o espelho — ou talvez não tenhamos sequer coragem de fazer isso — e dizer "esse terno não serve em mim". Seria tão mais fácil fazermos isso, não? Mas a maioria de nós, para sermos socialmente aceitos, não faz isso, afinal aquele terno é feito pelo alfaiate mais famoso, aquele terno custa caro, causa uma boa impressão. Com isso, acaba se lacerando para entrar dentro de um lugar onde simplesmente não cabe.

Ao aceitarmos caber naquele terno que não serve em nós, estamos tentando dar a impressão de que tudo está em ordem. E não está. Uma observação mais cuidadosa faz qualquer pessoa perceber que há algo de errado, mas o que fazemos para que ninguém possa perceber? Mantemos distância.

Ao longo da minha carreira, vi muita gente tentando vestir um terno que não servia. Pessoas que não entendiam que a vida delas estava diferente daquilo que a essência pedia, fosse no trabalho ou na vida pessoal, mas elas, em vez de observarem de fato o que estava precisando ser "consertado", ou no mínimo readequado, faziam de conta que nada estava acontecendo. Só que o grito interior é maior. Quando negligenciamos as coisas tendem a piorar: nos acostumamos a andar como aquele homem, e nem percebemos mais que estamos estropiados.

Mal sabemos quem somos, mas queremos nos transformar o tempo todo. Só que o processo de aceitação do ser humano é uma das fases mais importantes de sua vida, é onde o novo para sua vida começa.

Paramos de andar de um jeito imposto a nós pelos outros e começamos a andar do nosso jeito, no nosso ritmo, com a nossa postura.

A aceitação é o princípio e o ponto de partida. O fim e o recomeço. É a hora de despertar, e, se você não é capaz de se aceitar ou de aceitar o que está a sua volta, continua vivendo no reino dos adormecidos.

Você comemora que se transformou, mas será que foi uma boa transformação? No que exatamente você se transformou?

As pessoas hoje em dia correm por uma necessidade desenfreada de transformação. Ela fala em transformar-se, mas foge de si mesma o tempo todo. Quer criar o perfil hypado que vai atrair seguidores no Instagram — o personagem perfeito para si mesmo.

Aqui preciso te dizer: quem não se aceita não consegue ter paz.

Vivemos num eterno ciclo de julgamento e nunca olhamos de fato para dentro de nós. E a vida é essa travessia que deveria ser para dentro e não para fora. Vestir o terno adequado, nessa analogia, é entender que ele pode não ser o mais bonito, mas é o que veste melhor. É aquele que nos faz sentir bem, e nem sempre é o mais confortável, pois é aí que entra a resiliência para ele se modelar ao seu corpo num ato de exclusividade.

Só que aceitamos o que as pessoas dizem para nós uma vez que criamos ídolos o tempo todo quando deveríamos adorar apenas a Deus. O chefe incrível que admiramos, a pessoa que foi bem-sucedida em alguma área da vida, o artista, o amigo que parece fazer tudo certo. Aí, nessa idolatria da vida perfeita do personagem que criamos da pessoa que está ali diante de nós, aceitamos as palavras delas como se fossem regras.

Como pais, também fazemos isso com os filhos. Achamos que temos o condão de saber o que é melhor para a vida deles. E, por mais absurdo que isso possa parecer, aniquilamos os maiores sonhos dos nossos filhos.

Quantos filhos não têm vontade de jogar futebol e os pais acham que não é uma carreira e sim um hobby? Quantas meninas não querem se tornar cantoras, atrizes, e os pais ainda insistem que estudem medicina ou sejam engenheiras?

E não me entenda mal: fazemos isso visando protegê-los. Queremos o melhor para nossos filhos, é um fato! Apenas não buscamos entender muitas vezes se o nosso melhor é parecido com o melhor deles. Os pais são os culpados que NÃO TÊM CULPA.

Decidimos, em algum ponto de nossas vidas, que alimentar o espírito e ser quem fomos criados para ser pode ser perigoso. Isso sai do plano comum. Não somos como nossos irmãos. Não somos como nossos amigos. E nem deveríamos ser.

Somos únicos.

O processo de aceitação é entender que é preciso chamar para a sala todos os personagens que já vivemos nessa vida e fazer uma reunião onde todos se integram. Cada parte de nós. Aquele que fingimos que não existe, o que amamos, o que tememos, aquele que não podemos mostrar para ninguém, pois acreditamos que não seremos amados se o fizermos.

Aceitar é abraçar o todo. Sabendo que não existe lado bom e ruim. Sabendo que a verdade assustadora que tememos encontrar é a melhor versão de nós mesmos. Nada realça tanto a luz quanto as trevas, e, mesmo que tentemos fugir da nossa escuridão, ela virá para nos despertar para a vida que Deus nos fez para viver.

Em alguns períodos da nossa vida, quando não temos ideia de para onde devemos ir — e sentimos o chamado do espírito gritar dentro de nós —, geralmente ficamos perdidos pois tememos nos despedir do personagem que vivemos durante tanto tempo. É um período de deserto, em que tudo parece dar errado ou ao menos diferente do que gostaríamos. Na verdade, o deserto é pedagógico: te ensina sobre a vontade de Deus, que geralmente é distinta da nossa e seguramente muito melhor que a nossa, melhor até do que conseguiríamos pensar ou supor. Ocorre que, por não saber para onde esse caminho vai nos levar, frequentemente recuamos e nos vemos perdidos. Quando voltamos para nós mesmos, e finalmente aceitamos quem somos, renunciamos a todo o resto; já não se faz necessário.

Certa vez queríamos escalar uma montanha, era uma data especial, enfim, fazia sentido para mim. Contudo, eu estava bem acima do peso, e algumas pessoas tentaram me desencorajar. Elas diziam que eu não conseguiria, que era loucura. Normalmente são pessoas próximas e/ou importantes para nós que falam isso, mas que apenas querem o nosso bem, têm a melhor intenção. Ocorre que naquele momento, hoje eu sei, eu estava no meu processo de aceitação, e já não precisava mais do aval de ninguém. Talvez fatos assim ocorram por identificação, e apenas falta aceitação em quem coloca limite no outro, ainda que seja por amor. Quantos limites, por amor, coloquei nos meus filhos e seguramente pelo mesmo motivo recebi dos meus pais?

Pude contemplar na escalada pequenos milagres. Uma grande honra ver a superação de alguns que escalavam no nosso time, observar os desafios e as conquistas particulares dos que estavam conosco, cada um travando suas próprias batalhas. Foi uma dádiva. E eu cheguei ao topo da montanha. Era alto a ponto de parecer que olhávamos para baixo buscando ver o céu. Me senti mais perto de Deus. E ali, ao gravar meu nome no livro de visitas que havia no cume, uma onda de aceitação tomou conta de mim.

A verdade às vezes é uma bigorna que cai como uma luva. Lá no topo, emocionado, percebi que não se tratava da vista da montanha e sim da escalada. Valorizei minha jornada. As lágrimas já escorriam sem timidez, e ali, finalmente, eu não estava mais sozinho.

Existe uma expressão que diz "amamentar uma ninhada morta", que representa exatamente o que muitos fazemos —

em vez de encerrarmos ciclos e nos despedirmos deles, esgotamos nossas vidas aplicando nossa energia em algo que não nos representa.

Quanto mais nos afastamos de nossa essência por não nos aceitarmos, vamos perdendo vitalidade, capacidade criativa, movimentos, e ficamos reféns da vontade dos outros, incapazes de lidar com a nossa própria vida e distantes da vontade de Deus.

Hoje, após escrever este livro em plena quarentena, percebo que a ocasião nos força a olharmos para nós mesmos. Sem a fragilidade das obrigações impostas pela sociedade, vemos o vazio.

Neste vazio, devemos aceitar o que precisa morrer em nós e em nossa vida para continuarmos. Chegou o momento de entendermos do que a sociedade precisa abrir mão e aceitar a nós mesmos, sem a insistente ideia de que devemos ser perfeitos para que as pessoas possam gostar de nós.

A nossa maior missão é ser quem somos, e, para que possamos nos aceitar, deveríamos nos voltar para dentro de nós, onde está a sabedoria mais profunda que temos.

É raro que aceitemos nosso lado humano, nossa vulnerabilidade. Que tenhamos fé em nossas decisões mais íntimas.

Dizem que esta será a Temporada da Transparência, onde as máscaras vão cair. E eu posso afirmar que nossa alma é faminta por se expressar. A aceitação começa quando aprendemos a deixar ir o que precisa ir; isso significa despedirmos dos valores e atitudes de dentro da psique que não mais se sustentam. É o momento de abrir mão, praticar o desapego. Os que devem ser encaminhados com especial atenção são dogmas há muito aceitos que tornam a vida segura demais, que superprotegem, que nos fazem andar a passinhos curtos ao invés de longas passadas.

O que acontece quando se contém uma energia intensa? Uma verdade irrepreensível?

Quando uma pessoa desperta, isso convida todos que estão ao seu redor a fazerem o mesmo, ela os encoraja. Ela se agiganta, se ilumina, se aceita depois de uma intensa transformação e aceita também que alguns cacos ficarão para trás porque não fazem mais parte da vida da pessoa. Ela aceita o futuro que desconhece e o passado que a construiu e, fundamentalmente, aceita os próprios erros. Perdoa a si mesma. Reconhece que falhou muitas vezes em inúmeros dos papéis, mas abandona as antigas vestes pelo caminho, afinal já não precisa mais delas.

Ahhhhhh, meus amigos, não precisamos do melhor alfaiate da cidade nos dizendo o que devemos fazer e como devemos caminhar para poder vestir um terno que todos admirem. De repente a gente nem gosta de vestir um terno. É preciso voltar a si mesmo, e isso requer uma coragem absurda, afinal é o que tentamos evitar a todo custo a maior parte do tempo, talvez o tempo todo.

Ao começar este livro, eu sabia que este capítulo em especial para mim seria o mais delicado, porque a aceitação, ao longo da minha vida, foi um tema que eu enfrentei de inúmeras maneiras.

A pergunta é: por qual motivo? Por qual motivo demoramos tanto a nos integrarmos a nós mesmos? Por qual motivo deixamos a vida dar errado durante tanto tempo? Hans Christian Andersen escreveu algumas histórias ao longo da sua vida relacionadas ao arquétipo do órfão. O conto "O patinho feio" foi publicado pela primeira vez em 1843, e ensina tantas lições que seria necessário um livro para falar apenas delas. O patinho feio é rejeitado por estar fora do padrão da sua família. Ele ainda não sabe que é cisne, mas é prisioneiro da aceitação dos outros.

Rejeitado, não se aceita como é. Vai de um lado para o outro, procurando algum lugar para pertencer.

Só que em algum momento, depois de perceber que não consegue se adequar, ele encontra os seus.

Pode ser que você ainda não tenha encontrado a sua tribo; pode ser que depois da transformação, esteja se sentindo um estranho fora do ninho. Pode ser que essa sensação o acompanhe a sua vida toda, mas entenda uma coisa: você conhecerá como ninguém o seu próprio caminho. E para isso é preciso SE pertencer. Entender que você faz parte de uma tribo, ainda que seja de uma só pessoa, e está tudo bem ter amor, amizade, respeito às outras tribos. Está tudo bem se você, ao chegar nesse mundo, participou de uma tribo que mais para a frente te revelaria como diferente. Pertença a você mesmo, caiba em si, sem se diminuir, e você vai pertencer ao mundo, encontrando o SEU lugar, em qualquer lugar.

O que eu te peço, como um clamor neste final do livro, é: DESPERTA!

Que você escolha se libertar, sobretudo dos seus medos, dos seus julgamentos internos, que se aceite por inteiro, com toda a sua complexidade. E, nesse momento em que se aceitar, vai entender seu verdadeiro apetite pela vida, como se estivesse insaciável pela existência, com fome de viver, paixão por Deus, por si mesmo e por tudo que o cerca. A vida depois que você desperta nunca mais é a mesma. Ela é a resposta para todos os seus anseios de alma. Ela é a construção de tudo que você deixou adormecido enquanto estava brigando consigo mesmo.

Aceita e desperta. Porque você merece viver em paz consigo mesmo. Porque você é a melhor alternativa para o mundo, sendo quem efetivamente é, quem Deus te criou para ser. Porque você nasceu para isso, e, mesmo que não se sinta bom ou pronto o suficiente, digno o suficiente, esforçado o bastante, EXCELENTE! Deus é especialista em confundir aqueles que pensam ser alguém e, ao mesmo tempo, promover os que têm ciência de que não são ninguém. É dessa sua versão, que talvez pareça desencaixada do mundo, que todos ao seu redor precisam, que você precisa!

E, por fim, chamo a sua atenção para uma palavrinha curtinha, de apenas quatro letras: AMOR!

Palavra essa que tem o condão de tudo mudar, de tudo salvar, e mais: de tudo regenerar.

Amar ao próximo como a ti mesmo. Talvez aí esteja uma grande questão da humanidade.

Estamos seguindo isso à risca. Estamos amando o próximo como a nós mesmos. O detalhe é: não nos amamos o suficiente, não nos amamos direito.

Não sabemos nos amar, pois, entre tantas provas e expiações, carregamos a culpa. E ela é um ácido que corrói o amor que construímos. O amor é fogo, como uma "lava"... Só que ela quando se encontra com mar, que é a culpa, torna-se, ao se resfriar, em uma pedra. Uma pedra que precisa sempre ser aquecida e lapidada para voltar a ser amor. E, como o mar é imenso, essa lapidação precisa ser constante.

E em meio à lapidação começo a perceber, em análise mais profunda, que a camada de pedra é muito forte e faz com que apenas o "núcleo", seu interior, se mantenha aquecido. E o curioso disso tudo é que, olhando no espelho, não conseguimos enxergá-lo, pois só vemos a crosta de pedra dura. Não conseguimos enxergar em nós mesmos o amor-próprio. Dessa forma, sem perceber, conseguimos notar apenas no outro aquilo que temos em nós mesmos, o que carregamos. Explico: Percebendo as semelhanças no outro, podemos ver o que temos em nós e muitas vezes fica "apagado" pela camada de pedra — mas que podemos sentir se nos remetermos ao "núcleo", onde o amor é latente.

É como se vivêssemos numa eterna prisão de espelho e só enxergássemos a nós mesmos na desesperada luta para libertar o amor. E assim, tudo aquilo que o outro faz diferente de mim, distinto do que pensei ou estou acostumado, me afasta, e leva consigo as minhas oportunidades de aprendizado. Vivemos afastando aquilo que não condiz com o nosso núcleo, em vez de abraçar o amor na integralidade. O amor só faz conta de multiplicação, e, ao nos esforçarmos para aceitá-lo, vamos, aos poucos, rompendo essa quase intransponível capa de pedra.

E isso é, para mim, o guia do desenvolvimento humano.

Deixemos arder o amor dentro de nós, ao ponto incandescente onde finalmente retiramos dele as condicionantes, quando percebermos que o amor, por si só, é uma dádiva.

Amor não é moeda de troca. Amor não é barganha. Entenda que você não precisa do amor do outro para amar o outro. Não é uma competição!

Talvez esteja aí o grande segredo da nossa evolução.

O amor é o verdadeiro e único, ou ao menos o mais importante, combustível da humanidade. Precisamos mantê-lo aquecido. Ele é a chave. A tão sonhada e perseguida cura. E falando sobre o amor, confesso que sempre procurei alguém que me amasse da mesma forma que eu amava (na minha concepção e maneira de entender e sentir). E até certo ponto da minha vida eu ainda não tinha encontrado. Dentro de toda minha intensidade, sempre me percebi amando mais, de forma mais profunda do que me sentia amado.

Quando nasceu meu sonhado quarto filho, isso mudou. O João tem uma pureza, um transbordar de amor que me constrange de tão grande e sincero que é. Pedi a Deus para encontrar alguém que me amasse como eu amava e recebi mais. Um amor que eu ainda não havia recebido ou experimentado. Ou, ao menos, não tinha notado dessa forma.

Ao agradecer a Deus por isso, sou ainda mais constrangido ao perceber o óbvio (que para mim só ficou óbvio depois que entendi): Deus me ama infinitamente mais do que sou capaz de amar. Deus não tem amor, Ele é o amor!

Nesse momento caíram definitivamente por terra todas as mentiras que insisti em acreditar, sobre eu não ser amado, ou aceito. Sim, eu sou amado. Muito amado... e sempre fui. E te digo mais: você também é!

Celebra o amor, desperta e traz seu testemunho para criar um mundo novo.

DESPERTA.

Porque, ao despertar, você começa a viver.

E o que ocorre nesse processo de aceitação?

Você passa a ter mais consciência de si mesmo, das suas qualidades e de todas as melhorias que colecionou durante a sua jornada. O autoamor se torna uma prática diária, um hábito, e com isso você assume sua vida, se autorresponsabiliza.

Honre seus pais que te deram a vida e respeite sua própria história, agradeça seus tombos, pois foram excelentes professores do seu "levantar".

Acontece que todos os meus erros eram perdoáveis, e o tempo que passei perdida foi o sinal de que toda a tinta é invisível se você der, der tempo suficiente... — diz a música "Invisible Ink", da cantora Mandy Moore. E não é uma verdade que calamos, sufocamos arduamente durante a vida? Nossos erros são todos perdoáveis, se tivermos a coragem de pedir perdão, nos libertando assim para o novo, destruindo a colcha de espinhos do remorso que até nos aquece, mas vai dia a dia nos espetando e fazendo cortes profundos, impedindo a cicatrização.

Seja mais leve, não se cobre tanto. Pare de comparar sua vida com a do outro, Fritz Perls, um dos criadores da Gestalt-Terapia, já muito bem disse:

Seja como você é. De maneira que possa ver quem é. Quem é e como é. Deixe por um momento o que deve fazer e descubra o que realmente faz. Arrisque um pouco, se puder. Sinta seus próprios sentimentos. Diga suas próprias palavras. Pense seus próprios pensamentos. Seja seu próprio ser. Descubra. Deixe que o plano pra você surja de dentro de você.

Não dê tanta importância ao que os outros dizem ou pensam a seu respeito. Lembre-se: eles têm apenas um vislumbre da verdade que você vive. Livre-se de uma vez por todas dessa ideia obsessiva de que tem que agradar a todo mundo. Relaxe, todo mundo é muita gente.

Aqui eu ressalto: deixe de ser vítima da própria vida e assuma as rédeas. Seja o líder, o responsável pela sua vida. O que realmente importa não é o que te sucedeu, e sim aquilo que você faz acontecer. Aconteça na sua própria vida!

Por fim, se conheça! Sem moderação, quanto mais melhor. Pratique o autoconhecimento. Ele sempre trará a autoconfiança agregada, e dessa forma, se conhecendo mais, você passa a se aceitar, a se curar da solidão que se autoimpôs até aqui.

A aceitação é o estado que nos permite compreender as experiências pelas quais passamos.

TUDO PASSA — aceite que haverá dias bons, outros melhores e também aqueles não tão bons, e tá tudo bem, siga em frente.

A aceitação é uma escalada até a sua fé, que restaura seu equilíbrio, te aprontando para transcender. É um respiro, um sopro de Deus. Esteja aberto a recebê-lo, a abraçar as mudanças. É como um rito de passagem do velho para o novo. Talvez seja a tal travessia...

Aceitação é, sobretudo, encarar seus erros e assim torná-los aprendizados e seguir na sua trajetória de evolução. Aceite os desafios que a vida lhe oferece com gratidão... Os sonhos de Deus para você são maiores que os seus! Aceite, aceite-se.

DESPERTA!

EPÍLOGO

Aqui no fim do livro, na oportunidade do seu recomeço, te chamo à responsabilidade de entender que, se sua transformação não foi aceita, independentemente do motivo, você pode (talvez deva) começar de novo.

Percorra novamente o caminho do D.E.S.P.E.R.T.A.!

Ahhhh, você não achou que despertamos apenas uma vez na vida, né? A vida é um fluxo de abundância em frequente e ininterrupta evolução! Ao acompanhá-la, o despertar também é contínuo.

O **D**iagnóstico pode sempre se aprimorar. Você fará **E**scolhas o tempo todo. Os **S**inais caem na sua vida como uma chuva torrencial. A **P**resença é requerida de forma permanente. Expanda suas **E**stratégias, e perceba que **R**essignificar é aprender. Dessa forma você vive a metamorfose da **T**ransformação, quando finalmente você se **A**ceita do jeitinho incrível que você é!

Tome posse de você mesmo e jamais acomode-se. A vida não para! E nem você deveria.

É hora de atar o nó. O nó da faixa que amarra o kinomo. O nó que une você e sua criança. Hora de atar o nó da sua alma com seu corpo e espírito, o nó que expande sua integralidade. O nó infinito, que não tem princípio nem fim, é o símbolo do **amor eterno**, a chave da conexão.

Agora vai lá e FAZ! DESPERTA!

E quanto ao Marquinhos?
Fiz as pazes com ele, fiz as pazes comigo.
Aquela voz? Bem, essa, acredito eu,
jamais silenciará novamente.
Agora tudo está claro.

Começo perdido, buscando pertencer. Tanto esforço ao tentar diminuir para caber que talvez, e só talvez, eu nem tenha visto passar.

Olhando para trás, percebo o valor dos momentos, o camping, férias com meus avós regada a pavê. Eu era muito feliz, hoje eu sei.

Cresço, e ainda não apareço, aprendo a lutar para me defender. Tudo desmorona, eu paro. Quem sabe não seja apenas para começar tudo de novo e estar sempre lá, onde fui feliz.

Me aceito e agora apareço. Subo no palco, onde finalmente tiro minha máscara e me dispo do personagem. Me lembro de quem eu sou.

Recordo dos sonhos, ser pai de quatro filhos, ter a "mia família" (como falava o Gui quando pequeno). Olho para o lado e eles estão lá, sorrindo e transbordando amor. Me percebo um colecionador de memórias de amor, me permito e noto que, desde o início, sou feliz. Sempre fui, agora eu sei, e SEI COMO. Hoje, estou pronto para servir.

Por isso escolhi abraçar meu desígnio: ser um reGENTE dos sentidos. Te desvendo a serviço do seu DESPERTAR, disposto a melhorar o mundo de mãos dadas com você.

DESPERTA!

Ele não sussurra, nem fala alto comigo. Ele canta. Nos olhamos nos olhos. Sentimos um ao outro. Seguro suas mãos. Não tenha medo. A vida não vai mais te machucar. Sorrimos. Enfim eu posso ser quem eu sou. Sem julgar, sem temer. Por que sofri durante tanto tempo?

Ele solta uma gargalhada. Que longo caminho percorremos juntos. Ele se orgulha de mim. Pede para eu não deixá-lo. Fecho os olhos e respiro fundo. Ainda temos tanto tempo pela frente. Somos um. A vida lá fora vai continuar hostil quando esquecermos um do outro. Mas ela pode se tornar uma nova realidade se nos abraçarmos.

A vida não vai mais te machucar. Repito.
Eu não vou mais te machucar. Eu não
vou mais me machucar. Nem permitir
que nos machuquem, que destruam
nossos sonhos ou que digam que somos
menores. Tampouco acreditarmos ser
maiores que alguém.

Somos do tamanho que quisermos ser.
Somos gigantes quando simplesmente
escolhermos ser quem somos,
do jeitinho que Deus nos fez.

Agora percebo que estamos rindo
juntos. Perco o medo do que vão pensar.

A vida é tão simples. É simples quando
a gente abre os olhos para ela.

É simples quando a gente desperta.

E o que parecia ser o fim era apenas o começo.

Talvez você queira ir além e descortinar ainda mais o despertar, assim como eu fiz. Este livro ficou pronto em 2020, contudo EU não estava ainda pronto. Hoje sei que por esse motivo ele só foi publicado agora. Faltava eu percorrer uma vez mais o caminho do D.E.S.P.E.R.T.A. para me deparar com a maior aceitação da minha vida, que ocorreu apenas em 2022.

Depois de mergulhar fundo em todas as gigantes adversidades que se levantaram na minha vida durante a pandemia, finalmente entendi o que aquele pastor falou para mim em 2019, no aniversário do meu compadre:

— Deus mandou te dizer que Ele quer que você se aproxime dEle. Você faz os seus treinamentos na força do seu braço, vai atingir algumas pessoas, porém, se deixar Ele fazer através da sua vida, serão milhares pessoas. Sua mão vai longe contudo a mão dEle vai muito mais. — E não parou por aí: — Deus SEMPRE esteve com você mesmo nos dias em que ficava sozinho em seu quarto. Mesmo quando você se esqueceu dEle, Ele não se esqueceu de você. Você sempre foi amado. E precisa se aproximar mais dEle.

Confesso que fiquei contrariado em um primeiro momento. Quem era aquele homem que eu nunca havia visto dizendo que eu estava distante de Deus? Hoje entendo e sou muito grato a ele. O fato de eu eventualmente pedir auxílio a Deus não me fazia próximo, e sim apenas um pedinte. Entendi que Deus não é nossa última opção de socorro, é a melhor delas!

Como costumo dizer, a vida encontrou um meio; ela sempre encontra. Aceitei a Jesus como meu único e suficiente Senhor e salvador, desci às águas, me batizei e nasci de novo, sou hoje uma nova criatura, firmado na nova aliança de Deus. Sou filho de Deus!

E percebo agora que, apesar do título do livro ser *Desperta*, eu me referi aqui várias e várias vezes como sendo o caminho para o seu despertar, ou seja, há um R oculto no fim. E não é ao acaso; é um R de relacionamento que só acontece quando efetivamente você desperta para sua vida com Deus, e finalmente cria esse **R**elacionamento com o Pai após sua aceitação a Jesus.

Um relacionamento que nos traz cura, renovo, alívio, descanso, milagres...

Preciso citar aqui a passagem bíblica de João 8:32 (NVI): "E conhecerão a verdade, e ela os libertará".

E assim foi, a Palavra de Deus me libertou das amarras e correntes ocultas que eu ainda carregava, mesmo sem perceber.

Preciso que você entenda que essa minha decisão não tem a ver com religião, igreja ou qualquer pastor que seja. Ela tem a ver comigo e com Jesus! Não entreguei minha vida aos homens, e sim a Deus.

E assim percebo que Ele é o alfa e o ômega, o começo e o fim de tudo, que todas as maravilhas que vivi e que meu ego insistiu em me fazer acreditar que era eu, sempre foram Ele e somente Ele. Finalmente descanso nos braços do Pai, retirando o peso de ignorar o mover de Deus em minha vida.

Agora me sinto pronto e feliz em servir! Tenho meu propósito. Aquele que Deus determinou, e minha oração é para que Ele me conserve no centro de sua vontade. Dobro meus joelhos e ali, no secreto, finalmente encontro a humildade. Transbordo gratidão pela minha e pela sua vida.

E neste último capítulo o título oculto só aparece ao final, quando realmente concluo meu despertar:

R

RELACIONAMENTO

É quando dobro meus joelhos e oro que o meu relacionamento com Deus se fortalece.

E hoje eu sei bem a voz que clamou
pelo meu despertar, eu a conheço
intimamente: é a voz do Espírito Santo,
que habita em mim e que fala no meu
coração, testificando o caminho
de Deus para minha vida. Jesus é o
caminho, a verdade e a vida, conforme
nos garante a sua palavra.

Minha intuição tão aguçada é
Ele se comunicando!

Sou extremamente grato pela vida que tenho e tive, afinal ela me trouxe até este momento.

Honre sua história. Deus é amor, logo ame mais, reclame menos, tenha o coração de aprendiz, no qual a humildade é regra, e sirva. Esteja sempre pronto para servir, afinal usufruímos de tudo aquilo que honramos!

E aqui encerro, te deixando um convite: **DESPERTA!** Trilhe esse caminho maravilhoso do despertar, se aproxime de Deus, encontre o melhor que a vida tem a lhe oferecer, e não o faça sozinho. Compartilhe o que aprendeu aqui, dê um livro deste de presente aos que você ama. Faça essa roda do bem girar.

Conto contigo!

Muito obrigado por estar comigo nesta jornada chamada vida.

DESPERTA

Deus te abençoe!

FONTES Druk, Lyon
PAPEL Lux Cream 60 g/m²
IMPRESSÃO Imprensa da Fé